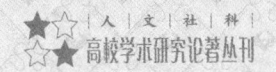

中华文化认同视野下的高校大学生德育教育路径探索

覃艳超　著

中国书籍出版社

图书在版编目(CIP)数据

中华文化认同视野下的高校大学生德育教育路径探索 / 覃艳超著. -- 北京：中国书籍出版社, 2023.6
ISBN 978-7-5068-9461-6

Ⅰ.①中… Ⅱ.①覃… Ⅲ.①高等学校 – 德育工作 – 研究 – 中国 Ⅳ.①G641

中国国家版本馆CIP数据核字（2023）第113676号

中华文化认同视野下的高校大学生德育教育路径探索

覃艳超　著

丛书策划	谭　鹏　武　斌
责任编辑	李国永
责任印制	孙马飞　马　芝
封面设计	东方美迪
出版发行	中国书籍出版社
地　　址	北京市丰台区三路居路97号(邮编：100073)
电　　话	（010）52257143（总编室）　（010）52257140（发行部）
电子邮箱	eo@chinabp.com.cn
经　　销	全国新华书店
印　　厂	三河市德贤弘印务有限公司
开　　本	710毫米×1000毫米　1/16
字　　数	222千字
印　　张	14
版　　次	2024年1月第1版
印　　次	2024年1月第1次印刷
书　　号	ISBN 978-7-5068-9461-6
定　　价	84.00元

版权所有　翻印必究

目 录

第一章　中华优秀传统文化与中华文化认同　　　　　　　　　　1

　　第一节　中华优秀传统文化的内涵与当代价值　　　　　　1
　　第二节　新时代高校大学生中华文化认同的内涵　　　　　9
　　第三节　文化自信视阈下高校大学生中华文化认同的意义　19

第二章　高校大学生德育教育理论与实践解析　　　　　　　　21

　　第一节　高校德育教育的任务——立德树人　　　　　　21
　　第二节　高校大学生德育教育的理论依据　　　　　　　36
　　第三节　高校大学生德育教育的过程与规律　　　　　　40
　　第四节　高校大学生德育教育的困境与成因　　　　　　44
　　第五节　高校大学生德育教育的实践分析　　　　　　　48

第三章　中华文化认同视野下高校大学生德育教育的科学运用　57

　　第一节　中华文化认同视野下高校大学生德育教育的意义　57
　　第二节　中华文化认同视野下高校大学生德育教育的缺失
　　　　　　表现及成因分析　　　　　　　　　　　　　　64
　　第三节　中华文化认同视野下高校大学生德育教育的实现
　　　　　　方法　　　　　　　　　　　　　　　　　　　71

第四节　高校大学生德育教育中中华优秀传统文化隐性
　　　　　教育功能的彰显　　　　　　　　　　　　　　79

第四章　中华文化认同视野下高校大学生德育教育的内容　　85

　　第一节　高校大学生德育教育中儒家思想的渗透　　85
　　第二节　高校大学生德育教育中道家思想的承继　　96
　　第三节　高校大学生德育教育中法家思想的遵循　　100
　　第四节　高校大学生德育教育中伦理道德的扬弃　　104

第五章　中华文化认同视野下高校大学生德育教育的路径　　111

　　第一节　中华传统伦理道德与大学生德育教育内容的构建　　111
　　第二节　中华和谐传统与大学生德育教育目标的构建　　124
　　第三节　中华传统道德与大学生德育教育途径的构建　　129

第六章　中华文化认同视野下高校大学生德育教育的发展
　　　　动力　　　　　　　　　　　　　　　　　　　135

　　第一节　中华文化认同视野下高校德育教师队伍的建设　　135
　　第二节　中华文化认同视野下校园德育工作的开展　　148
　　第三节　中华文化认同视野下网络德育模式的构建　　190
　　第四节　中华文化认同视野下高校德育评估机制的创新　　204

参考文献　　　　　　　　　　　　　　　　　　　　　209

第一章 中华优秀传统文化与中华文化认同

中国文化,尤其中华优秀传统文化是中华民族对人类的伟大贡献。中国作为人类四大文明古国之一,具有独特的地域环境,形成了独具特色的悠久历史和璀璨文化,是中华民族的摇篮。本章对中华优秀传统文化与中华文化认同的理论知识展开深入分析与探索。

第一节 中华优秀传统文化的内涵与当代价值

一、文化的起源、分类及特征

"文化"(culture)这一词语意味着什么呢?它有多种意义。例如,人们认为那些能读会写的人,那些懂得艺术、音乐和文学的人是"文化人"。不同人对文化的理解有不同方式,每一种方式都或多或少有助于我们理解文化的某个过程、事件或关系。遇到陌生人时，第一个被问的问题通常是，"你来自哪里？"这主要是想了解这个人长大的地方或者是想知道这个人之前住在什么地方。我们下意识地认为在同一地方长大或生活的人说同样的语言，有很多相同的价值观，用相似的方式交流，换句话说，他们被认为具有相同的文化。有时我们甚至会认为文化是商品或产品，如玩具、食品、电影、视频和音乐，并且可以在国际上自由进出口。这些对"文化"印象式的理解不一而足。

实际上，在我国的古代文献中"文化"两个字是分开出现的，"文"的本来意思为各种颜色交错，"物相杂，故曰文"，"天文"指自然规律，"人文"指人伦社会规范；"化"的本意是改变、变化之意。《说文解字》将"化"释为"教行也"，即改变人类原始蒙昧状态以及进行各种教化活动。从汉代开始，"文"与"化"连缀出现，"文化"与"武力"相对应，是动词，具有"文治教化"之意。近现代所讲述的文化，则为19世纪末自日文转译过来的。英文单词culture，源于拉丁文动词cultura，含有耕种、居住、加工、留心、照料等多种意思。随着时间的推移，culture含义逐步深化，由对树木、作物等的培育引申为对人类心灵及情操的培养，从人类的生产活动，逐渐引向人类的精神领域。19世纪中叶以来，"文化"一词开始具有现代意义，并且随着人类学、社会学等人文学科的兴起，成了这些学科的重要术语。

（一）文化的定义

自从进入近代研究视野，"文化"这一概念在中外学术界不同学科领域曾出现上百种甚至更多的定义。美国描写语言学家爱德华·萨丕尔（Edward Sapir, 1921）定义文化为一个社会的行为和思想。

理查德·本尼迪克特（Richard Benedict, 1930）认为真正把人们凝聚在一起的是他们的文化、共同的思想和标准。美国人类文化学家爱德华·霍尔（Edward T. Hall）(1959)提出："文化是人类的媒介。人类生活的方方面面都受到文化的影响和改变。这意味着人的个性、表达方式（包括情感的表现）、思考方式、行为方式、解决问题模式、所居住城市的规划和布局、交通系统的运行和调度，以及经济和行政系统如何组建和运行都受到文化的制

第一章　中华优秀传统文化与中华文化认同

约。"人类学家克拉克洪（Clyde Kluckhohn，1965）认为就文化而言，人类学意味着一个民族的整体生活方式，即个人从他的群体中获得的社会遗产，或者文化可以被看作是人类创造的环境的一部分。英国语言学家布朗（H. D. Brown，1978）则这样来看待：文化是生活在特定地理区域的人们或多或少共同拥有的信念、习惯、生活方式和行为的集合。

此外，正柯恩（R. Kohls，1979）认为文化是指特定人群的总体生活方式。它包括一群人想的、说的、做的和制造的一切。文化学家罗伯逊（I. Robertson）（1981）的观点是每个社会的文化都是独特的，包含了其他社会所没有的规范和价值观的组合。荷兰学者吉尔特·霍夫斯塔德（G. Hofstede）在2001年提到"我认为文化是将一个群体或一类人与另一个群体或一类人区分开来的思想上的集体程序。'思想'代表了头、心和手——也就是说，它代表了思考、感觉和行动，以及对信念、态度和技能的影响"。

我国人类学家费孝通先生写道："文化的深处时常并不是在典章制度之中，而是在人们洒扫应对的日常起居之间。一举手，一投足，看似那样自然，不加做作，可是事实上却完全没有任意之处，可说是都受着一套从小潜移默化中得来的价值体系所控制。在什么场合之下，应当怎样举止，文化替我们早就安排好，不必我们临事考虑，犹豫取决的。愈是基本的价值，我们就愈是不假思索。行为是最不经意的，也就是最深入的文化表现。"

文化定义的多元化说明文化确实是一个庞大且不易把握的概念，虽然各有侧重，这些解读和界定都解释了文化的一个或几个层面。

（二）文化的分类

由于文化的多样性和复杂性，很难给文化下一个明确清晰的定义，对文化的分类也是众说纷纭、不尽相同。我们从一个侧面来看文化的分类，文化也可以理解为满足人类需求的一种特殊方式。所有人都有一定的基本需求，如每个人都需要吃饭和交朋友等。心理学家亚伯拉罕·马斯洛（Abraham Maslow，1908—1970）认为，人都有五种基本需求。

第一，生理需求。这是我们赖以生存的基本需求，包括食物、水、空气、休息、衣服、住所以及一切维持生命所必需的东西，这些需求是第一位的。我们必须满足这些需求，否则我们就会死掉。

第二，安全需求。首先，我们得活下去，然后我们得保证安全。安全需求有两种，身体安全的需求和心理安全的需求，这就是为什么现在各种保险项目越来越受欢迎。

第三，归属感需求。一旦我们活着并且安全了，我们就会尝试去满足我们的社交需求。与他人在一起并被他人接受的需求，以及属于一个或多个群体的需求，如对陪伴的需求和对爱和情感的需求是普遍的。

第四，尊重需求。这些是对认可、尊重和声誉的需求，包括自尊以及对他人的尊重。努力实现、完成和掌握人和事务，往往是为了获得他人对自己的尊重和关注。

第五，自我实现的需求。人的最高需要是实现自我，充分发挥自己的潜力，成为自己可能成为的人。很少有人能完全满足这种需求，部分原因是我们太忙于满足较低层次的需求。

根据马斯洛的理论，人们按上述的顺序满足这些需求。如果把这些需求从低到高比作金字塔的话，人们在攀登金字塔时总是先翻过第一步才能爬上第二步，通过第二层才能到达第三层，以此类推。尽管人类的基本需求是相同的，但世界各地的人们满足这些需求的方式各不相同。每种文化都为其人群提供了许多满足人类特定需求的选择。

人类需求的这五个层次，文化的分类在一定程度上也契合这几个层次。美国翻译理论家尤金·奈达（Eugene Nida）将文化分为生态文化、物质文化、社会文化、宗教文化和语言文化。英国学者彼得·纽马克（Peter Newmark）则把文化分为生态类、物质文化品、社会文化、组织类、手势与习惯等几类。我国学者陈宏薇将文化分为三类，分别是物质文化、机构文化与精神文化。中外研究者根据不同的标准提出了自己对于文化的分类，既有共时、历时的分类，也有学科视角的分类，这几种分类方式均有可借鉴之处。

另一个形象的类比是将文化比为冰山，认为每种不同的文化就像一个独立的巨大冰山，可以分为两部分：水平面以上的文化和水平面以下的文化。水平面以上的文化仅占整体文化的小部分，约十分之一，但它更可见，有形且易于随时间变化，因此更容易被人们注意到。水平面以下的文化是无形的，并且难以随时间变化。它占了整个文化的大部分，约十分之九，但要吸引人们的注意力并不容易。水平面以上的文化部分主要是实物及人们的显现行为，如食物、衣着、节日、面部表情等诸如此类人们的说话习惯和生活方式，也包含文学作品、音乐、舞蹈等艺术的外在表现形式。水平面以下的文化包含信念、价值观、思维模式、规范与态度等，是构成人的行为的主体。尽管看不到水平面以下的部分，但它完全支撑了水平面以上的部分，并影响了整个人类的各个方面。

（三）文化的特征

文化是连贯的、可习得的、一个特定群体对于生活关切之事均认可的观点，这些观点决定事务的轻重缓急、处理问题恰当的态度，并支配人们的行为。这个定义包含了文化的三个特征及文化的三种作用。

每一种文化，无论是过去的还是现在的，在自身内部都是连贯和完整的——对整个宇宙的看法。英国人类学家爱德华·泰勒（Edward Burnett Tylor，1871）认为文化是"一个特定群体在面对诸如宇宙起源、自然环境的严酷、可预测性、社会的本质和人类在事物秩序中的地位等核心问题时所带来的统一和一致的愿景的外在表现"。在不同的历史时期，不同的人类群体可能会产生不同的愿景，这既是惊奇的原因，也是误解的原因。令人难以置信的丰富多样的文化吸引着历史学家、人类学家、旅行者及几乎每一个人。不管一个文化片段是多么迥殊，当它置于整卷文化织锦之中时，就显得很有道理。

文化不是与生俱来的，而是后天习得的。这并不是说人们可以客观地谈论自己的文化，而是一个人对自己文化的了解大多储存在潜意识里，只有受到其他不同文化的挑战时才会唤起记忆。我们都必须学习自己的文化，对文化的培养过程在出生后立即开始，甚至更早。如果文化是后天习得的，那么它就是可以学会的。这就意味着没有人需要一辈子局限在一种文化中，如果你想了解其他文化，你可以学习，不仅仅是了解，而且可以准确地融入这种文化并按其规矩行为处事。许多人都学习过不止一种文化，并且在其中游刃有余。必要的时候，他们很容易从一种文化过渡到另一种文化。

文化是一个社会共有的。社会成员对事物的意义和原因达成一致，和相互学习文化的所有人一道，包括家庭成员、老师、精神领袖、同龄人，以及法律、政治和教育机构的代表，解释生活经历，证实了他们自己的文化观点。由于他们对这种有效性深信不疑，都认为自己的解释是正确的。群体的动力来自共同的观点，这些观点是一种动态的力量，借此团体能够实现社会目标，如保护经济资源不受无良的外部势力的影响。特定文化中的人们共享该文化的符号，最明显的一组符号是语言。文化也共享视觉符号，如公司标志、图标、宗教图像和国旗等。

  对一个群体极为重要的东西对另一个群体可能毫无意义。以财富积累为例，位于太平洋岛屿新几内亚的古鲁乌巴族文化要求富人花费他所有精心积累的财富——猪，来满足其他社会成员的奢侈娱乐，在这种情景下，散尽家财满足他人消费欲望是财富的真正意义，因为这意味着给予者心怀感恩，享有很高的威望。但是，美国、中国或意大利的商人却不能理解这一做法，他们一生都在积累财富。在这些文化中，应该节约资源增加财富，而不是在一次大爆发中耗尽。当然，这些文化背景下的商人通常会对慈善事业做出贡献，但他们的文化教导他们要谨慎对待财富，并且要让财富增加。可见，文化会对重要性进行排序，换句话说，文化传授价值观或价值优先次序。价值观是态度的基础，同时塑造信念使我们能够评估对自己重要的东西，或将标准应用于态度和信仰。价值观决定了人们在和另一种文化中交流时是对抗还是合作，因而有必要了解在这种文化中起作用的价值观。既然价值观提供衡量事物价值的标准，它表明了一个相对的层级结构，即价值观就是文化优先权。例如，一种文化可能会高度重视诚实，而不太重视付出最少的努力。优先事项因文化而异，当你了解了人们的优先级，你就可以有信心地预测他们对特定事物的反应。

  态度是后天习得的，它是一种倾向，对相同的物体、情况或想法做出相同的反应，态度是基于价值观对事物的感觉。态度可以改变，尽管改变可能很困难。例如，你可以对吃生鱼片抱有积极的态度，这是基于这样一种信念，即由日本厨师精心准备的寿司和生鱼片能做出美味佳肴。或者你可能有一种消极的态度，认为生鱼含有寄生虫，会对人体消化系统造成不良的后果。你甚至可以同时持有这两种态度，这样的话，你可能既重视良好的饮食体验，也重视身体健康。态度是基于信念和价值观，信念是基于主观的，通常是个人的想法,而不是基于证据或事实的信念或肯定,信仰体系或宗教是文化中价值观和态度的强大来源。人们的态度随着价值观的不同而相异。在墨西哥文化中,商业伙伴认为阿姨去世对家人来说很重要,老板应该理解员工因为葬礼和家庭需要而不能在最后期限前完成报告。在英国,人们对生意伙伴失去阿姨的态度是,这是一件令人遗憾的私事,也许非常悲伤,但不应该在很大程度上影响工作。事实上,对于一个商务人士来说,处理这种情况意味着防止它对工作产生影响。如果可能的话,报告应该按时提交。

文化决定了人们如何表现自己。继续前面讨论的例子,在会议上简短地表达对失去亲人的工作伙伴的同情是英国人的合适的做法,如果有较长的合作时间,英国人也会送去慰问卡。然而,在墨西哥,除了口头表达同情,工作伙伴还可能会参加葬礼,送花,提供服务,如接送家庭成员,并访问家庭以示尊重。行为直接来自对事物的重要性和价值的态度,价值观驱动行动。我们的生活大多是由行动组成的,文化优先级激励着我们在国际交往中的行为。文化差异通常很快通过行为表现出来,这些行为与态度有关,源于文化中的优先事项。

二、中华优秀传统文化的内涵

学术界关于"中华传统文化"的内涵,有各自不同的看法。下面从时间、内容和根源三个角度对中华传统文化的内涵进行剖析。

(一)时间角度

从时间方面来说,有观点认为,"传统文化"主要是在过去的一个很长历史进程中形成和发展起来的,具体是指周秦至清中叶这三千多年历史中形成并发展起来的文化。而另一种观点则认为,"传统文化"是指从过去一直发展到现在的东西。还有学者认为,"传统文化"不仅包括封建时代的文化,而且包括近代文化和五四以后的新文化。

（二）内容角度

在内容方面，有的观点认为，"传统文化"是指已经根植于自己民族土壤中的稳态的东西，但又有动态的东西包含其中，是过去与现在交融的过程，渗入了各时代的新思想、新血液。有学者提出，"传统文化"不仅表现在各种程式化了的理论形态方面，而且更广泛地表现在人们的风俗习惯、生活方式、心理特征、审美情趣、价值观念等非理论形态方面。

（三）根源角度

从根源上讲，有的学者认为，"中华传统文化"不是一源分流，而是殊途同归，是各种文化进行的大融合。这些观点都从不同方面和不同角度对中华传统文化的含义做出了有益的探索。

三、中华优秀传统文化的当代价值

（一）提高学生综合素质

文化不仅是一个人的精神支柱，也是国家发展的软实力。大学生是即将步入社会的群体，学习和就业等方面的压力较大。在高校和家庭等各种环境中接受传统文化的教育，能够拓展学生的知识面和眼界，学习处世哲学，更有利于提高心理素质和发展意志品质，从而将竞争压力转化为积极进取的动力，有效促进学生人文素养等综合素质的发展。

（二）增强文化认同

我国是一个拥有五千年发展历史的文明古国，而传统文化作为文化自信的基石，在民族标识、自身价值、内容等方面无不体现出极其厚重的历史沉淀，成为社会主义先进文化的发展根基。深厚的文化积淀、肥沃的历史土壤时刻伴随着中国及全世界的文化共同发展。仁义礼智信的为人准则、修身齐家的道德情感、自强不息的人生观、以信接人的诚信观，充分体现出了当代人们对传统文化的尊崇，也在激励国人不断前行。传统文化是涵养社会主义核心价值观的重要源泉，也是助推构建人类命运共同体的关键要素。

作为社会主义现代化建设的实践者，需认同、传承和践行我国优秀的传统文化，为实现中国梦注入强大的文化底气。在"三全育人"理念的指导下，将中华优秀传统文化融入学生学习的全程及全方面，解决"培养什么人""怎样培养人"的根本问题，充分发挥传统文化对学生精神塑造、价值观培养等方面的作用，强化学生的文化自信。

第二节　新时代高校大学生中华文化认同的内涵

认同是指心理认知的一致性，从而形成社会关系，是一个群体或个人对自身认同的过程。认同强调的是认同的共同性，即主体成员由身体倾向的共识向认同和接受转化。而文化认同是人类对文化趋向的共识和认同，是民族认同的思想基础。从真正意义上说，文化认同本身蕴含着深刻的主体意识，是个体对自身文化认同的自觉把握，是个体价值取向的反映，其实质就是价值认同。当今世界的包容性很强，信息和大数据时代使得世界各国的信息和文化共享，新时代高等教育背景下的学生思想越来越开放和包容，使得大学生群体对外来文化思想的接受度参差不齐，这也给中华文化的价值认同带来了一些问题。大学生群体多元价值观与多元文化共存的现状不仅带来了冲突，也造成了价值观与文化的混乱。当今，在多元文化主义的冲击下，中国大学生群体中的现实文化价值观逐渐由个体偏向普遍。鉴于中华民族文化价值观与爱国主义之间的高度相关性和相互促进性，在中华民族文化价值认同中，加强大学生爱国主义的培养具有现实意义。习近平总书记深刻指出："文化认同是最深层次的认同，是民族团结之根、民族和睦之魂。文化认同问题解决了，对伟大祖国、对中华民族、对中国特色社会主义道路的认同才能巩固。"

一、中华文化认同的内涵

（一）中华文化认同的文化内涵

中华文化认同，即中华文化是民族自尊、自我激励和自我凝聚的媒介。中华文化既有悠久的历史，又焕发着青春的活力。中华文化价值认同具有历史逻辑，在中国古代中原文明就与其他少数民族的文明相互吸收。比如，清朝满族领袖统领国家时，吸收了汉族文化，借鉴了汉人的礼法制度，他们不再只重视射御，还在文学艺术方面取得了很大的成就。在近代中国面对内忧外患的情况下，隔壁俄国社会主义革命的胜利让中国的革命志士看到了一丝希望，李大钊、陈独秀等人为中国传递了马克思主义，在他们的影响、引导和培育下，毛泽东、周恩来等一批先进的知识分子，接受了马克思主义，并且带领中国共产党取得了胜利。不管在过去、现在，还是将来，中华文化价值认同都需要一个漫长的发展过程。

（二）中华文化认同的教育内涵

中华文化长期教育和激励着人们，既有"兴国兴亡、爱国负责"的爱国主义理念，还倡导"文化自信、文化自觉"的爱国主义信仰。诚如习近平所说："中华文化延续着我们国家和民族的精神血脉。"中华文化的基础性质决定了它永远将中华民族的国家根本利益放在首位。向心力、凝聚力是中华民族有异于其他民族的重要特性，这种特性在很大程度上来自中国文化价值认同的高度。中国文化价值认同有利于新时代爱国主义精神的广泛传播，为新时代伟大复兴的中国梦提供持续向心力。

二、新时代高校大学生中华文化认同的内容

（一）作为对传统文化的知行合一

（1）引导学生强化对中华优秀传统文化的认知，让学生了解传统文化的时代价值及内涵。从中华优秀传统文化的内涵入手分析，传统文化是各种价值观念的凝结、民族精神的提炼，更是民族发展的根基和魂魄。从中华优秀传统文化的时代价值入手分析，传统文化是发展社会主义制度的灵感源泉，蕴含着"以德治国""民惟邦本"等思想内容，是我国治国理政的思想源泉，更是实现社会主义民主的助推器。

（2）引导学生加强对中华优秀传统文化的弘扬、传承。构建社会、家庭、学校多位一体的长效机制，有效引导学生传承和弘扬优秀的文化。

一是发挥高校教育的主阵地作用，通过校园文化建设、开设国学经典导读活动、优化德育课程体系、丰富教学方法等措施，引导学生了解中华优秀传统文化的特质、内涵等。利用中华优秀传统文化熏陶学生的情感，净化学生的心灵，引导学生树立正确的价值观念。

二是发挥家庭教育的基础性作用，家长向学生灌输优秀的传统文化，让学生深受孝道等传统美德的洗礼，并形成诚信善良的家风。家长需转变传统的"重智轻德"思想，家长的教育观念错误会对孩子的个性发展带来巨大的影响。大部分家长注重孩子的学习成绩，忽视孩子的综合素质发展，包括心理素质、精神内涵、思想品德等方面，不利于孩子的文化自信增强。这就需要家长从传统的家庭教育观念和态度中脱离出来，用正确的教育理念教导孩子，注重对孩子的德育，让孩子在生活中有强大的内心及良好的涵养，能够主动克服困难，养成良好的精神品质。除此之外，需加强家风方面的培育。在中国的教育实践中，部分教育理念和传统文化需要通过家庭教育来传承，如诚信、谦虚等道德标准以及伦理精神，都可以通过代代延续。家长对礼、忠、孝、廉、义的言传身教，会潜移默化地影响着孩子的品行。良好的家庭环境对孩子的健康成长成起着激励等方面的作用。

三是发挥社会的补充作用，相关部门需加强对推广优秀传统文化的重

视，实现传承传统文化场所、平台等社会资源的整合优化与高效利用。积极响应中央政策的部署，营造适合传统文化发展与传播的良好社会环境。鼓励企业、各卫视、自媒体等市场主体积极参与到传播中华优秀传统文化的事业中来。国家做好宏观调控，助推中华传统文化的稳中求进。

当前全媒体时代，大学生缺乏一定的辨别能力，容易被网络影响，因此更要积极营造良好的网络环境和社会环境。党和政府将网络作为宣传传统文化、社会主义核心价值观的媒介，提高传统节日等优秀文化在大众生活中的地位。除此之外，需加强社会教育资源的互动，尤其是处于新媒体时代，积极借助网络多媒体展开弘扬、宣传中华优秀传统文化等社会教育活动，确保活动的覆盖面与表现力。

博物馆和展览馆等机构，可整合虚拟现实等先进技术手段，不断创新展览形式，或是与其他文化单位加强合作，实现社会教育资源的有效互动。社区需摒弃传统的宣传方式，如张贴海报等方法，更新宣传的内容、形式等，调动群众的参与性，以达到理想的宣传效果。由此可见，唯有形成多位一体的教育合力，才能有效引导大学生传承和弘扬优秀传统文化。

（3）引导学生加强对传统文化的践行。组织学生参与各种社会实践活动，发挥理论与实践的优势协同，全方位和润物无声地培育大学生的文化自信。

一是组织学生参与各种志愿者活动，激发学生无私奉献、艰苦奋斗的精神品质，支持大学生发挥自身的价值，积极参与农村基层支教、支农、支医等活动。

二是鼓励学生展开创新创作活动，发展学生的创新精神、创造能力，继承优秀传统文化的同时，创作出更富有时代气息的优秀作品，拓展传统文化现代化发展的载体与途径。

（二）推进高校德育教育改革

首先，将传统文化融入德育课内，推动传统文化进校园。在德育课程的教学中，需深入挖掘教学内容中的传统文化教育要素，借助红色文化激发学生的爱国之情，借助先秦诸子的哲学思想启发学生的思考。创新教学的方式方法，根据学情和教学内容等特点，采取学生喜闻乐见的教学方式，包括情境教学法、案例分析法等，加强师生互动，提高学生学习的有效性。整合现代教育技术，借助视频和图片等信息载体方式，直观地呈现抽象、晦涩难懂的经典著作，加深学生的理解记忆，让学生深入体会其中的哲学思想与思辨思维，从而发展自身的逻辑思维与思辨能力。

其次，将中华优秀传统文化贯穿日常的德育教育，提供学生文化自信涵养的基础保障。将校园文化作为传统文化教育的重要平台，通过设置文化墙、举办古诗词大赛、传统文化主题辩论赛等活动，提高学生对传统文化通识学习的亲近感。提供学生展示与表达自我的机会，更有利于促进学生对传统文化的深入感悟，让学生在社团活动等传统文化教育的渠道内，从传统文化的熏陶中吸收养分，以此坚定文化自觉、自信，积极为中国梦的实现而努力学习和奋斗。在组织和举办高校文化活动时，组织者不仅丰富活动的内容与形式，还需充分考虑活动自身的文化教育意义。形式化的校园活动难以将活动办进学生的心中，还需结合本校特色，举办有思想性、教育意义的校园活动，不断丰富学校的文化底蕴，促使校园活动的质量得以持续改进。

最后，积极培育师资力量。教师的教学水平直接影响传统文化在德育课上的渗透成效。因此，需做好教师队伍建设工作，达到预期的学生文化自信培育效果。

一是作为德育课教师，需"明道"，如深入了解中华优秀传统文化，夯实专业的理论知识基础，尽快达到以文育人的目的。

二是德育课教师需善于创新。有重构教学内容的能力，不仅需引入先进的文化，还需注重理论与现实的结合。注重专业知识与其他学科知识的构成，拓展学生的知识面，积极完善学生的知识结构体系，避免出现照本宣科等教学情况。

三是发挥德育课教师的榜样示范和表率引领作用，真正成为学生成长成才路上的"引路人"。除德育教师外，辅导员、专业课教师等在教育工作中，都需积极承担利用中华优秀传统文化涵育大学生文化自信等方面的职责、义务，不断提高教师的文化自信心、文化认同感，发挥其在授课、待人接物等方面的言传身教作用。

因此，提高教育工作中教师的综合素养显得尤为重要。在网络环境下，要求教育工作者积极发挥自身的专业优势，敢于与网络不实言论做斗争，利用传统文化进行德育教育，积极传递正能量。

（三）推进传统文化的现代化发展

首先，创新传统文化的内容。要想实现传统文化的创造性转化及发展，需注重传统文化、现实文化的有机整合。中华优秀传统文化起源于我国古代社会，部分思想和观念在当代不适用。因此，要想尽快实现中国梦，需紧跟新时代的发展步伐，不断创新中华优秀传统文化的内容，深入挖掘传统文化精神思想的时代特征，发挥传统文化与现实文化的同频共振，切实达到以文育人的目的。

其次，创作优质的文化节目。为更好地推进传统文化的现代化发展，需积极创新文化节目，让传统文化展现新的面貌，充分发挥文化节目的育人功能。例如，利用光影等现代科技手段打造的《唐宫夜宴》春晚节目、中国诗词艺术歌曲形式的《经典咏流传》节目等，提高了传统文化的影响力，真正实现了传统文化的创造性发展。通过各种文化节目，以寓教于乐的形式，让传统文化丰盈学生等群体的思想根基，强化其文化自豪感，从而坚定文化自信。

最后，以包容的心态和理性客观的思维去看待各国文化。不同国家的文化差异较大，不能全盘否定外国文化，更不能一味地盲目鼓吹外来文化。尤其是在国家交流合作不断推进的时代背景下，作为大学生，需具备跨文化的意识和能力，科学辩证地看待各国文化，主动吸收各种优秀的人类文明成果。这就需要在跨文化交流中，尊重和吸收优秀的各国文化精华，保持本国优秀传统文化的特色，赋予我国文化强大的时代生命力。

三、新时代高校大学生中华文化认同的路径

（一）加强社会主义核心价值观教育

社会主义核心价值观不仅继承了中华优秀传统文化的精髓，又吸收了当

第一章　中华优秀传统文化与中华文化认同

今的价值共识，是中华民族共有的精神特质和目标追求。对核心价值观的认同是文化认同的关键，是凝聚价值共识、铸牢民族精神的桥梁。社会主义核心价值观在国家层面的目标是建设一个"富强、民主、文明、和谐"的国家，要让大学生清楚地认识到对祖国的热爱在具体的一方面表现为对中华民族共同体的热爱，就必须铸牢中华民族共同体意识。社会层面，中华民族的目标是建造一个"自由、平等、公正、法治"的社会，要让大学生明白这不仅是对社会的要求，更是中华民族的追求。个人层面，培养"爱国、敬业、诚信、友善"的公民是中华民族做人的基本准则。社会主义核心价值观可以激发大学生形成团结一致的凝聚力，可以聚集共同意志，为推动国家教育培养优秀人才。

（二）加强中华文化认同教育

中华文化是 56 个民族共同缔造的丰硕成果，跨越时光，散发出越发耀眼夺目的光芒，成为镌刻在中华民族身上的印记。但是部分大学生处于文化信念缺失和理想信念迷茫的状态，对中华文化的本体、具体内容认识模糊。加强中华文化认同教育是铸牢中华民族共同体意识的基础，所以要抓住牛鼻子，就必须对大学生进行中华文化认同教育。

1. 加强中华优秀传统文化教育

中华优秀传统文化是指中华民族长期积累形成的丰富灿烂的思想精华，它是中华民族的独有标志，是中华民族向前发展的肥沃土壤。首先，应该使大学生明确中华优秀传统文化是 56 个民族共同创造的，不能互相割裂。其次，采用中华优秀传统文化铸牢大学生中华民族共同体意识，如"大一统"中蕴含着只有思想统一，人民才有共同的价值追求，社会才能繁荣稳定发展的思想。中华优秀传统文化为铸牢大学生中华民族共同体意识提供有力资源，能够塑造大学生崇高的民族品格，为构建中华民族共同体意识提供积极的正能量。

2. 加强革命文化教育

革命文化是无数革命先烈和仁人志士的生命练就的，是中国精神的继承和延续。加强革命文化教育是增强敢于奋斗、团结一心精神的载体，是提高不怕牺牲、爱国主义精神的枢纽。例如，长征精神是指红军在遭遇敌人的围追堵截时跨过十余省，走过两万五千里成功会师的背景下产生的奋勇向前、亲密团结的精神。这些优良的革命精神对于大学生来说是铸牢中华民族共同体意识的肥沃养料。

3. 加强社会主义先进文化教育

社会主义先进文化是指在对过去社会实践经验进行总结和在对未来美好社会的展望中形成的以人民为中心、健康向上的文化。例如，中国女排精神，是指中国女子排球队凭借坚持不懈、团结协作的精神多次获得世界冠军。女排精神之所以为人民所推崇，是因为它内涵丰富，代表着顽强拼搏、不畏强敌、团结一心、奋斗到底的精神，是激励中华民族勇敢前进的模范。对大学生进行女排精神教育，有利于提高中华民族自豪感，调动积极性为国家荣誉而奋斗。社会主义先进文化的内涵还在不断发展当中，将它作为铸牢大学生中华民族共同体意识的内容是十分有效的举措，能够使大学生受到其激励，并以此为目标不断学习。

（三）加强中华民族共同体历史认同教育

自古以来，我国就是一个各民族互相帮扶的多民族国家。各民族早已是一个整体。中华民族共同体是指由长期生活在共同的地域，拥有相通血脉的56个民族构成的在政治、经济、文化等方面认同的命运共同体。中国梦的实现需要拥有团结一心的力量，毋庸置疑，加强中华民族共同体历史认同是其实现的强大来源。只有加强中华民族共同体历史认同教育，才能够形成强烈的情感共鸣和心理基础，由内而外地贯彻中华民族共同体历史认同，为铸牢大学生中华民族共同体意识提供巨大能量。

1. 加强各民族文化与中华文化血脉联系的历史认同教育

各民族文化是中华文化的一部分，二者是一个血脉相连、不可分割的统一整体。中华文化由于自然环境的不同和经济发展速度的差异，所以文化也呈现出多种多样的特征。中华文化和各民族文化深受彼此的影响，互相交织，共同进步。中华文化是各民族文化的依托，各民族文化生长于中华文化的滋养之下，这一点毋庸置疑。要使大学生在了解中华文化和各民族文化血脉联系的历史基础上立足现在、展望未来，为中华文化和各民族文化的蓬勃发展贡献力量，为铸牢中华民族共同体意识打牢地基。

2. 中华民族共同体意识融入大学生课程体系

做好高校思想政治工作，要用好课堂教学这个主渠道。因此，将中华民族共同体意识融入课程体系是铸牢中华民族共同体意识的主要途径。

第一，融入思想政治理论课程体系，此路径可以丰富课程内容，增加课程的趣味性。例如将讲述各民族共同奋斗，击退外敌的历史事件融入思想政治理论课程，使大学生明白中华民族共同体意识是我们一直继承下来，并且要不断发扬的宝贵财富。

第二，融入课程思政体系。课程思政指将思想政治教育元素融入各门课程中去，潜移默化地对学生的思想意识、行为举止产生影响。

第三，编写系统的教辅材料，提高大学生对中华民族共同体意识的认知和把握程度，引导他们把理论知识充分发展到实践中。

3. 丰富校园文化教育

校园文化时时刻刻以丰富多彩的内容和多种多样的形式呈现在大学生周围，对大学生影响十分深刻。因此，要充分利用校园文化教育铸牢中华民族共同体意识。

第一，利用大学校园的设施设备进行宣传。借助黑板报、横幅、广播站、校园官网、公众号等媒介传播中华民族共同体意识，使大学生能在较大程度上接收信息，在潜移默化中铸牢中华民族共同体意识。

第二，校训是高校的象征，是口耳相传的话语。借助蕴含中华民族共同体意识的校训，使大学生在理论上认知、心理上认可、行动中贯彻。

第三，将中华民族共同体意识融入校园文化活动和党员教育活动中。此举可以增进大学生之间的了解，形成团结向上的氛围，提高大学生中华民族共同体意识。

4. 打造网上中华文化阵地，发挥网络导向作用

互联网给人们的生活带来了许多的便利，它冲破距离的阻碍，使人们之间的交往更加方便；它跨越时空的阻隔，使古今中外的交流更加畅通，可以通过采取微电影、短视频、文字、广播等多种形式宣传中华文化、中华民族共同体意识。

第一，打造网上宣传中华文化的网络平台。学院的微信公众号可以设置一个专栏，定期制作关于中华文化的文章，向大学生普及中华文化。

第二，主动利用大众传媒积极发布关于普及中华文化的信息，占据传播的制高点；引导学生积极打造主动宣传中华文化的网络环境，发挥网络的积极作用，使大众传媒成为宣传中华文化的重要场所。

第三，建设宣传中华民族共同体意识的互联网平台，它是传播思想意识、文化观念的重要载体。充分利用互联网传播正确的价值观念、思想意识和国家方针政策，把大学生的思想引入正确的道路上。

5. 营造各民族大学生文化交流交融的环境

铸牢中华民族共同体意识，加强各民族交往交流交融。促进文化认同的前提条件之一是创造交流。

第一，通过民汉合班、合宿拉近大学生之间的距离。建立各民族混合式的学习互助小组，使学生们拥有共同的学习目标。这不仅有助于提高学习成绩，还可以使他们了解彼此的文化，加强民族团结。

第二，举办关于中华民族共同体意识的活动。例如，组织演讲比赛，举办民族团结一家亲活动，组织民族服饰、美食、诗词、乐器等的展示活动促进大学生之间的交往与交流。

通过营造各民族大学生文化交流交融的环境，不仅可以传播与继承中华优秀传统文化，还可以为铸牢中华民族共同体意识创造条件。

第三节　文化自信视阈下高校大学生中华文化认同的意义

传统文化彰显一个国家、一个民族的历史底蕴，优秀传统文化是十分宝贵的精神财富，对个人的发展、国家的建设乃至整个人类社会的进步都具有不可替代的作用。我国优秀传统文化无疑具有重要的现代价值，具体体现在以下几个方面。

一、中华文化认同是文化自信的思想基础

文化认同是最深层次的认同。中华民族之所以长盛不衰，离不开对中华文化的认同和在此基础上铸牢的共同体意识。在多民族聚居的高校，锻造大学生对中华文化的认同是夯实历史文化基础、增强国家意识、铸牢中华民族共同体意识的必要基础。中华民族共同体是在千百年来由各族人民不懈努力、奋勇拼搏的基础上形成的。"多元一体"的中华文化正是根植于各民族自身不断发展、各民族交往交流的历史进程中而孕育出来的。增强大学生的中华文化认同，目的在于让他们在了解中华文化的基础上增强中华文化认同，铸牢中华民族共同体意识。

二、中华文化认同是文化自信的内在动力

中华文化认同是促进民族团结的动力，是维护社会稳定的精神力量。加强中华文化认同能够增加文化自信，有自信才会有热爱，有热爱才会有动力；能够提高民族自豪感，有自豪感才会不卑不亢，才会昂首阔步地前进；可以增加民族凝聚力，只有凝聚，才能形成一根绳子，才能为铸牢强烈的中

华民族共同体意识提供无限的内在动力，才会有巨大的动力实现共同的中国梦。如果每一个中华儿女都对中华文化充满自信，那么每一个人就不再是一个单独的个体，而是一个团结一致、自信有为、充满向心力的共同体，才能为实现中国梦注入强大力量。

三、中华文化认同是文化自信的重要途径

　　中华民族在对中华文化认同的基础上形成了团结一致、不畏艰险的中华民族共同体意识。因此，铸牢大学生中华民族共同体意识必须遵循这一规律，继续以中华文化认同为重要途径。几千年来，中华民族不论遇到多少艰难险阻、惊涛骇浪，都没有被打倒，而是越挫越勇，浴火重生。在这一过程中形成的文化根基和价值共识使得中华民族焕发出欣欣向荣的生命力，成为一个坚固的整体。历史证明，中华民族共同体意识是社会秩序稳定的基石，是繁荣发展的根基。只有增强中华文化认同感，中华民族才能在民族发展中越战越勇。

第二章　高校大学生德育教育理论与实践解析

"培养什么人、怎么培养人"是我国社会主义教育事业发展中必须要解决的根本性问题。而"立德树人"的理念恰好回答了这一问题，具有划时代的意义。其明确了教育的使命，抓住了教育的本质，与教育规律、人才培养规律相契合。当前，大学生正处在世界观、人生观、价值观形成的关键时刻，德育教育更具有紧迫性。

第一节　高校德育教育的任务——立德树人

一、立德树人的内涵

在中华文明发展的初期，"道""德"二字便已有其雏形，不过二者具体含义不同，一般作为两个概念使用。"道"最早见于甲骨文，本义为道路，在春秋时期上升为哲学范畴，指事物运动变化所必须遵循的普遍规律，也指代万物的本体。孔子在《易大传》中强调"形而上者谓之道"①，将人应该遵守的规律规定为道德伦理，这种规定逐渐使儒家前期孔孟所讲的"人道"升华为一种以仁义道德为内容、以天理自然为依据、讲求普遍真理的天人合一之道。大部分学者认同"德"字的出现是武王克商的结果，一般认为"德"即视而有所得、目而有所见之意，强调获得、取得之意，而并非后世所言"道德"一词中"德"所含之意。学界一般认为将"道德"二词连用，合为一词而作为一个范畴使用，始于儒家荀子的《劝学》篇："故学至乎礼而止矣，夫是之谓道德之极"；《强国》篇："故赏不用而民劝，罚不用而威行，夫是之谓道德之威"。而传统道家在战国后期的著作中也出现了"道德"一词，如《天道》篇说："寂寞无为者，天地之平而道德之至。"天地本系二名，联为一词；道德亦本系二名，亦联为一词，因此到战国后期，不论是儒家还是道家，都将道德二字联用，到汉代以后，道德已成为一个流行的名词。②随着时间推移，道德在社会生活中逐渐形成了丰富的内涵，指代的含义也越来越广泛，除了被用作调整人际关系的行为规范以外，也被用来代指修养、品德、风俗习惯等。③《现代汉语词典》将道德一词解释为："一种社会意识形态，作为人们社会生活和行为的指导方针和标准，通过人们自我约束和社会舆论起到调节作用。"④这一概念体现出道德对公民行为的导向作用，道德准则通过约束人们的观念、品质、行为在社会生活中发挥了积极的引导作用。公民遵守道德的主要目的是通过规范自己行为，降低对他人产生伤害的风险，从而促进社会和谐健康发展。中国道德理念经过两千多年的历史发展演进，其过程中形成诸多道德规范和德行规则，并覆盖全民的德育思想。自汉代以来的中国古代社会，道德便是构建整个社会核心元素，其提倡的"三纲五常"（"三纲"即父为子纲、君为臣纲、夫为妻纲，"五常"即仁、义、礼、智、信）始终是中国古代道德体系中的最高原则和中枢规范。

---

① 张晓昀.中华民族传统道德的传承及其当代价值[D].北京交通大学，2018.
② 张岱年.中国伦理思想研究[M].北京：中国人民大学出版社，2011.
③ 卢德平.中华文明大辞典[M].北京：海洋出版社，1992.
④ 中国社会科学院语言研究所词典编辑室.现代汉语词典[M].北京：商务印书馆，2005.

显然上述已经对道德的概念进行了分析，那么什么是"立德树人"呢？"立德"一词见于《左传·襄公二十四年》中，但是在这本书中，"立德"的概念是"树立德业"。"树人"这一词最早见于《管子·权修》一书中，其体现出人才培养的意义。两个概念经历时代变迁，终于结合在一起。

在新时代，立德树人的内涵非常丰富，不仅是当前时代对人的发展的要求，也是中华民族实现伟大复兴的重要层面。立德树人教育包括了教育目的、教育手段等，将教育当前面临的关键问题呈现出来，为教育的发展指明了方向。

二、立德树人理念下的大学生人格与素质发展

（一）品德与人格的关系

立德树人教育是为了培养当代大学生的品德，也是对大学生的人格进行塑造。显然，品德与人格有着密切的关系。

作为一个人的道德素质，品德是一个人个性的展现，而这里所谓的个性就是人格。因此，品德是人格的一项重要内容，是人格中的核心部分。正因为如此，人们在日常生活中常常将二者等同。例如，有时候说某些人人格低下，其实说的就是他/她的品德低下。这是从狭义层面对人格做出的理解。

从心理学意义上说，人格就是人的个性，是一个人心理特征的综合体现。人格的结构具有多层次性，是由复杂的心理特征组成的一个整体。

对于一个人来说，品德与人格是相互依存的。品德是一个人的道德品质，是根据一定的规范与道德原则所表现出的心理倾向，是个体与外部环境相互作用的产物，如果没有人的性格与气质等因素，品德也就无法形成。相反，如果没有品德的形成，人格也就没有了灵魂与方向。因此，立德树人教育所要培养的大学生的品德就不仅限于反映社会意识的道德品质，还包括个人心理品质，这样才能使大学生塑造出完善的人格。

（二）立德树人与大学生人格的形成

在人格的各个因素中，气质是由遗传因素决定的，具有相对的稳定性，是人格形成的基础和条件。性格则是将一定的气质作为基础，在个体与外部环境交互的过程中形成稳定的行为与态度。性格是人格的中心。因此，培养大学生的思想品德就不能仅限于社会意识的灌输，更要注重大学生人格的培养，从而促进社会主流与大学生人格之间的融合。

1.人格的培养

人格的形成并不是一个自然增长的过程，而是一个矛盾运动的过程。人格的内部要素之间以及个体与社会影响因素之间存在着复杂的关系。例如，有的学生在学校被评为"劳动积极分子"，但是在家里却什么都不愿意做。为什么一名学生在学校和家里存在如此大的差别，原因不在于什么"双重人格"的存在，而是在他人格形成的过程中，受到了内外因素的影响。学校对学生展开劳动教育，要求学生要热爱劳动，积极参加劳动，这时候学校和教师会给予学生表扬。相比之下，这些学生在家庭里，家长的目的主要是让孩子读书，因此并不要求孩子劳动，不让孩子参与家务劳动，一切家务都是家长全权负责，这样就导致同样一名学生，他们在学校和家庭的人格表现不同。

这就说明，要想塑造大学生完善的人格，就必然需要仔细分析他们在人格形成的过程中所受到的内外因素的影响，从而针对性地采取措施，使这些因素、矛盾向着积极的层面转化。

人格的培养有助于个体已经形成的品德心理进行巩固，也可以对个体形成的一些不良品德进行纠正。也就是说，个体形成的道德品质是好是坏，受主客观、内外部因素的影响和制约。人格特征是其中的一个重要影响因素。如果个体形成了积极的人格特征，那么他在待人接物的时候必然能够表现出良好的言谈举止，这样能够被外界接纳。这样就在客观上为自身良好的品德形成创造了条件。

2.立德树人理念对人格形成的作用

影响人格形成的因素一是外部环境，二是学生自我感知与教育等。人在与客体进行交往的过程中往往能够认识自我，认识自我与客体之间的关系，从而进行自我观察与调节。正是因为人们都具有这种自我意识与自我教育，加上每个人的主观世界存在差异，因此每一名学生都会用自己的方式对待外部环境。

上述两个因素第一个因素就是进行德育教育，第二个因素就是进行自我教育，当然自我教育的结果也是德育教育的结果，是进一步塑造人格的动力和条件。学生进行自我教育，能够不断提升他们的上进心。

从以上的分析中可以看出，德育的本质是教育者根据社会的要求，把一定的社会意识转化为受教育者的思想品德。德育是教育的一个有机组成部分，是首要的教育活动。德育培养的受教育者的品德包含反映社会意识的道德品质、政治品质和思想品质，也包含个性心理品质。因此，德育的实质是塑造人格。

三、高校德育工作

（一）德育的含义

最初，德育的意思是指道德教育。根据我国古籍中的相关记载，"惪"字是"德"字的本字。《说文解字》提到："惪，外得于人，内得于己也。"这句话是说，在处理人与人之间的关系时，要对得起良心，经得起质疑。在现代汉语中，"德"字成为"惪"字的异体字。《说文解字》中讲道："育，养子使作善也。"儒家创始人孔子对道德教育十分看重，《论语》记载："道之以政，齐之以刑，民免而无耻，道之以德，齐之以礼，有耻且格。"宋代理学家朱熹提出，道德教育将人和动物区分开来，人若没有道德，则与禽兽没有什么两样。"圣贤所以教人为学之意，莫非讲明义理，以修其身，然后推己及人"。

德育发展到今天，其内容更加深刻广泛。纵观我国教育发展的历史，德育是在近代中国的教育改革中被正式提出的，其与道德教育没有什么异义。改革开放以后，在教育领域的改革中，人们意识到狭义的教育具有一定的局限性，于是对德育的内容进行不断扩充。经过不断地发展，德育的内容有道德教育，人生观、价值观、世界观的教育，政治和法制教育等，这也就是广义的德育。我们可以将广义的德育定义为：教育决策者以社会和人的需要和品德形成的规律为依据，采用多种有效手段，使思想、政治、法制和道德几方面内容在受教育者意识中得到内化的一种系统活动。

高校德育工作可以分为以下几个方面。首先是政治教育，即要求受教育者形成坚持社会主义道路，拥护中国共产党，形成立场坚定的政治态度；其次是道德品质教育，即受教育者的行为举止要与社会主义的道德规范相一致，自觉履行道德义务，以具备高尚的品德修养；最后是思想教育，即让学生认识辩证唯物主义的基本观点，形成正确的世界观和价值观。

（二）高校中德育工作的特点

现在，随着科技腾飞，实用性、技能型人才需求在我国广为增长，由此，各级各类职业教育的数量和规模呈现出跨越式增长。另外，我国高等教育普遍扩招，其普及率不断增加，普高热持续升温。因此，高校德育出现一些新的特征，主要有以下几点。

首先，高校德育工作不能一蹴而就，具有反复性。德育过程前途是光明的，道路是曲折的。原因有三点：其一，学生思想品德不是一朝一夕所能形成的，必然会投入大量的时间和精力；其二，在学生思想品德定型之前，总会受到来自社会、家庭和学校或多或少的影响；其三，社会的发展变化，对学生思想品德提出了更高的要求。由此，高校德育必然会经历一个循环往复进而不断发展的过程，最终实现质的飞跃。

其次，高校德育工作更为复杂，具有复杂性。在经济发展的同时，也出现了严峻而复杂的社会现实：青年学生尚未定型的思想价值观念在经济的冲击下，受到很大的影响。现阶段，高校所需要解决的问题是：引导学生形成科学的思想观念，增强他们对各种思想的辨析和判断能力；继承中华民族传统美德，弘扬时代主旋律，拥有正确的和符合实际的理想和信念。开展德育时要有针对性，正确应对复杂的德育工作，突出"以人为本"的教育理念，促进学生个性的发展，形成充满活力、注重团结、具有创新精神、品德优秀的新人类；教育要更新观念，扬弃传统教育范式中的不合理成分，使学生的思想观念、精神需求等方面获得科学的发展，满足社会对当今人才的需求。

再次，高校德育工作也是一项社会工作，具有社会性。高校培养出来的学生，将直接接受用人单位的挑选，满足经济市场的需求。为此，德育工作更应面向市场经济的需求，将企业文化和社会文化进行加工之后引入教学过程中，使之与传统的德育相融合。在教学方法上，改变过去"灌输式"的德育方法，运用一些新的符合时代要求的"体验式"的德育方法，使德育具有社会性，进而让学生满足市场需求、适应社会发展。

最后，高校德育工作更为艰巨，具有艰巨性。由于一些学生的素质下降和目前面临的严峻形势，使得高校德育工作进展出现了很大的阻碍。当前，一些高校进行了扩招，对学生综合素质的要求相对来说比较宽松，在自觉学习和刻苦钻研精神方面，有些学生表现得相对不足。个别学生品质低下、纪律败坏。学生整体素质下降，造成德育工作出现很大的难题。面对上述事实和德育工作者队伍素质的良莠不齐，以及部分教师对学生产生的成见，使德育工作进展缓慢。而问题学生群体的不断扩大又造成教师的倦怠心理，教师工作缺乏激情和创造性，强化体验平庸感，自我认识、教育观念、教学观念出现一些问题和缺陷，教师的这一系列变化又造成学生的厌学以及道德败坏，如此导致恶性循环。这为高校德育工作增加了难度，不利于高校德育工作顺利进行。

（三）高校德育所具有的功能

第一，高校德育的抑制功能。通过适宜的教育和管理，使青年学生树立正确的是非观念和增强好坏的辨别能力，从思想观念层面抑制和杜绝一系列危害社会的行为的发生，为学生健康成长提供思想来源。抑制功能的发挥需要纪律制度的作用、教育规范和舆论监督以及处分惩罚的威慑等条件的配合。

第二，高校德育的服务功能。教育和管理学生只是德育的一个方面；另一方面，德育应为广大学生服务，在服务中使学生获得教育和启发，这就体现了教育的服务功能。不管是学校领导，还是校园职能部门，抑或是辅导员或班主任，都应该树立为学生服务的观念和意识，为学生在生活和学习中出现的困难提供帮助。

第三，高校德育的激励功能。通过典型教育、案例分析、形象感化、营造氛围等方式进行道德教育，感染和激励学生的思想和行为，使学生产生情感的共鸣，进而激发学生学习的积极主动性和政治热情，使学生取得长足的进步。

第四，高校德育的导向功能。运用丰富多样的教育方式，以马克思主义的基本思想理论为指导，对广大青年学生进行社会主义、爱国主义、时事政策和形势任务等方面的教育，使学生在纷繁复杂的社会形势和国际形势下，认清社会和时代的发展方向和趋势，使自己的发展具有正确的政治方向和高尚的奋斗目标。

第五，高校德育的管理功能。通过制定和贯彻实施各种规章制度，再加上班主任、各科教师，特别是政治教师等教育管理人员实施的教育管理行为，对学生进行学习、生活、行为等管理，使得德育的管理功能能够实现。调节功能也属于管理功能，在实施管理的过程中，调节各方关系，化解诸多矛盾，指导各自行为，使学生与教职工、学生与学生之间建立良好的人际关系，使学校安定团结，增加社会的稳定因素。

（四）高校德育工作的工作任务

以马克思列宁主义等相关理论为指导思想，在进行职业教育人才培养过程中，融入社会主义核心价值体系的有关理论，使学生增强对党、国家及其决策的认可度，提高思想政治觉悟，并让学生学会集体主义和团结互助的精神，增强认识能力，努力学习、自强不息，协调人际关系，使学生无论是在学习中还是在工作中，都具有较高的积极性，最终服务于社会主义现代化建设。这是高校德育工作的总体工作任务，可以细分为以下几点。

首先，对学生进行以爱国主义为核心的民族精神教育和以改革创新为核心的时代精神教育，向学生宣传中华民族爱国主义的优良传统，实行中国革命传统教育，加强民族团结意识的培养，适当了解形势政策的有关知识；使学生拥有一颗赤诚的爱国之心和高度的民族自尊心，培养学生的创新意识和创新能力，开拓进取。

其次，对学生进行以职业道德教育为重点的道德教育和法制教育，使学生具备基本的公民道德、民主法制观念、集体主义精神和国际人道主义精神；在八荣八耻思想的指导下，树立社会主义荣辱观；使学生在道德品质方面和日常行为方面，符合新时期良好公民的基本要求，在具备相关职业道德的同时，具备相应的法律素养。

再次，对学生进行以马克思列宁主义等思想为重点的理想信念教育，使学生具备一定的哲学知识，经济、政治认识，社会基本情况认知，对中国革命和中国特色社会主义建设的发展历史有深入的了解。由此，学生形成科学的思想意识观念，为中国特色社会主义建设这一共同理想做出自己的贡献。另外，实施以珍惜生命为中心的人格健全教育。实施这一教育所包含的专题教育内容有安全教育、预防传染病等疾病教育、毒品预防教育、环保教育、廉洁反腐教育等，使学生对这些方面的知识有所了解，从而得到健康成长。

又次，对学生进行以培养心理品质为中心的心理健康教育，开展有关增强学生的职业心理素质和心理健康的教育，并提供解决心理问题的基本知识和基本方法；使学生在遇到有关心理障碍方面的情形时，能够得到及时的处理，从而提高学生的心理健康水平，为学生将来的就业培养必要的职业心理素质。

最后，对学生进行以就业创业教育为主要内容的劳动与奉献教育，使学生养成热爱劳动、注重实践、崇尚创新、无私奉献的精神。为学生的就业和职业生涯规划提供帮助和指导，在职业观和职业理想等方面的教育，要切实符合学生和社会的实际。

（五）高校德育工作的基本原则

教师对学生进行德育教育，并不是随心所欲的，在德育工作方面，德育工作者在进行实践的过程中，总结出一系列的原则。这些原则具有一定的规律性，对高校德育工作具有一定的指导意义，应该为德育工作者所遵循。

1. 政治方向与时代特征结合的原则

这一原则将德育工作的方向性与时代性联系起来，既保证了德育工作的正确政治方向和教育性特征，又要与当今社会发展的实际情况和学生的思想现状相结合，具有较强的思想性和时代特征。在特定的时代背景下，高校这一教育机构要为某类企业培养一线生产骨干和基本的劳动力资源，这就要求高校不仅要进行符合就业形势的专业知识和技能的教育，还要培养出符合就业、创业等时代要求的意识形态和心理素质。

要实现方向性与时代性的结合，需要有两个方面的条件。

一方面，加强学生的思想教育，使学生在实践中经得起考验并得到锻炼。理论为实践提供认识指导，教育学生形成高远的理想和崇高的道德情操，实现德育的目的，必须对学生进行系统的道德教育、政治理论教育和哲学教育，并以此来分析和解决实践中遇到的各种困难。同时，要联系实际情况，结合自身实践经验。也就是说，德育教育还教导学生运用马克思主义哲学的世界观和方法论来观察事情，解决矛盾。

另一方面，在日常生活中，高校要注重对学生道德行为的培养。德育教育要以实践为基础，积极引导学生进行集体生活、社会公益活动、无偿义务劳动、社会主义建设等活动，不断磨练自己的意志，在实践生活中养成良好的道德行为方式。

2. 与学生、社会的实际相联系的原则

道德教育要做到与社会的实际情况、学生的实际情况相联系，需要符合思想道德教育的基本规律和特征，需要符合学生的发展规律和成长特征，从理论和实践两方面的具体情况出发，开展富有成效、具有针对性、带有吸引力的教育实践活动。社会主义社会中的人际关系，应该是以平等友爱、互存共生、团结互助为主要内容的新型关系。在这一关系中，人们应该受到尊重，得到关怀。因此，高校进行德育需要坚持与学生、社会的实际相联系这一重要原则，具体情况如下。

首先，与实际联系起来。与普通高校相比，高校在教育教学等方面具有一定的特殊性，职业院校的学生，在思维活动方面也有明显的差异。根据这一实际情况进行德育时，既要认识到矛盾的普遍性，抓住学生德育共性；又要认识到矛盾的特殊性，准确地抓住其个性，使德育工作具有普遍性和针对性，使德育工作取得较大的进展。

其次，改变对学生的态度，与学生建立平等互信的关系，爱护学生。学生是未来的希望，但学生还不是一个完全成熟或完全独立的个体，一位优秀教师要具有尊重、信赖学生和关心、爱护学生的基本品德。德育工作者应该充满爱，在平等互信的前提下，启发学生、引导学生，不能侮辱、歧视、谩骂和体罚学生，以恰当的方式帮助学生改正错误、走出迷途。教学要表现出就业的导向性、学生的主体性特征，并不断创新教学，为自我教育设置、创造环境和条件，不断更新校园文化建设。这是从德育的角度出发，来发展学生的个性化特征和发展学生能力。

最后，尊重学生和爱护学生并不是说对学生听之任之，而要严格要求学生。严格要求学生，就要认真对待学生的缺点和错误，不能以没有造成严重的后果或以缺乏经验为借口，而忽视对学生的管理。要防微杜渐，科学地处理学生出现的问题，要得到学生的理解，做到既使矛盾得到解决又不让学生产生逆反心理和畏惧情绪。

3.循序渐进的原则

德育工作要以理服人、晓之以理，以情感人、动之以情。同时，对待学生出现的问题不能过于极端，应该遵循一定的规律，有步骤地进行，这样才能发挥德育的功效。

这一时期，学生在道德方面的认识有了较大的变化，对未来十分憧憬。在知识与认知范围上，有较大的需求。虽然他们对社会生活的认识达到了一定的程度，但其对社会是非的判断、辨别能力还缺乏相应的经验。对待有关事物，容易出现片面化和倾向于简单化，多少会出现偏颇。这个时候就需要道德教育来对学生进行积极疏导，但也不能操之过急，想要一口吃成胖子，在思想问题和行为问题上要不断地进行说服和教育工作，循循善诱，使他们逐渐明白事理，并最终走向正确的人生轨道。

由上我们可知，高校在进行德育工作时，要一步一个脚印，循序渐进，结合实际案例进行道德教育，因势利导，为他们指引正确的方向，使他们自觉遵守道德规范。可以在教育的过程中结合表扬、激励等正面教育，用社会主义建设的基本原理和规范进行教育，使他们具有开阔的眼界、通晓人情事理，学会与他人友好相处，增强对祖国的认同感。这里一再强调的是在教育过程中要以积极因素、正面的形象来进行思想道德教育，而不能采用一些打击学生的侮辱性方式。

4.德育工作与管理工作相联系的原则

这一原则要求我们在组织思想教育的同时，还要有严格的科学管理，目的是将自我约束与外界激励、监督有机联系起来。

道德教育需要充分考虑学生的实际情况以及学生所学专业性质，尊重和掌握学生身心发展规律、品德发展的一般规律和各自在发展过程中所具备的有利形势和不利形势，激发学生的能动性和创造性，为因材施教奠定基础。

开展各种主题活动教学，如文明诚信教育、社会礼仪教育以及感恩教育等，在这些活动中有意识地渗透道德教育。学生通过参加这些活动，得出自己的感悟，从而将道德内化；培养学生的责任意识，小到对自身的责任，大到对家庭、对社会、对国家的责任；提高学生对这些活动的参与度，让他们提高自我感悟、认知能力。

道德教育需要通过管理这一必要的手段来实行。高校德育不仅仅只是负责对学生进行思想道德教育，还要不断引导学生实现自我约束和管理，实现自我教育，使学生的行为符合社会规范，逐渐养成现代文明的道德风尚和道德习惯。另外，随着经济全球化的浪潮不断高涨，学生的自我意识和独立意识得到不断地增强。结合教学和学生的发展规律，德育工作要取得进展，在进行教师管理的同时也要结合学生的自我管理。

5.遵循创新的原则

德育工作要始终保持生机与活力，要体现出时代特点和职业教育的倾向，需要具备以下两方面的特征。

一方面，不断更新有关教育方面的理论和观念。现代教育对教师的思想观念提出新的要求，打破传统的狭隘的人才观念，使培养出来的人才具有创新意识和创业意识。为实现这一目标，德育工作者都应该摸清时代的脉络，以社会化和企业的需求为导向，更新德育的思想观念，结合学生的智力因素和情感因素，统一学生的专业基础知识与道德品质，使培养出来的人才，身心健康全面发展，造就一批合格的社会主义建设者。

另一方面，在德育的内容方面，及时地实现新陈代谢。德育的内容突破以往狭义的道德教育范围，使其扩展到包罗了人文、心理等不同层面上的知识，增强学生的综合素质和综合能力。

6.理论与实践相统一的原则

理论与实践相统一的原则也叫知行统一原则，既要注重知识和观念的教导，又要与情感体验和社会实践统一起来，引导学生自觉遵循道德规范，做到言行一致、知行统一。自古以来，"言行一致"就为人们所重视，如孔子提出"君子耻其言而过其行"；朱熹也提出过相关观点，"论先后，知为先；论轻重，行为重""致知、力行，用功不可偏，偏过一边，则一边受病"。前人积累的宝贵经验，对于今天我们高校德育工作来说具有一定的意义。即便在当今气象万千的社会中，师生们也要坚持这一原则，通过交流与沟通，实现教师和学生的双向发展和共同成长。

对于学生而言，尤其要注重运用马克思主义有关理论与实践的观点，积极参加生产、生活实践活动，加深自身的涵养。德育工作不能光凭教师这一单一的途径，要注意运用群众的观点和走群众路线，依靠学生集体和善于依靠学生集体的力量进行道德感染和影响，在良好的、正义的集体环境和氛围中，培养合作与互助意识，使个人品德得到净化，使学生集体成为道德教育的力量。但在工作的过程中，不能忽视学生的独创精神。

要使集体的教育作用得到发挥，机体自身具有具备一定的要求和符合一定的条件。同时，教师也要对培养学生的过程中出现的问题和现象予以指导和帮助，实现集体教育与个别教育相结合。

（六）高校德育工作的指导思想

德育工作的实际进行，必须要有正确的指导思想，使德育工作有一个正确的发展方向。

高校的特性多种多样，但是随着高等教育事业不断发展，高校缺乏有力的竞争优势，造成学生就业的艰难。应届毕业生自身的素质和工作条件不太

中华文化认同视野下的高校大学生德育教育路径探索

理想，使得企业一方和学生一方对高校的印象比较差，这对于院校的德育工作来说，具有很大的挑战性。因此，德育工作需要借助与之相适应的指导思想和思路，改变高校德育工作的现状。

长期以来，院校德育工作的特点和课程体系缺乏自身的优势和独立性，没有一定的针对性，培养目标流于表面，十分笼统，使德育目标错位，偏离自身教育的基本需求和基本内容，使德育工作缺乏实效。就目前而言，德育工作既要与我国的生产力、生产关系、分配制度等基本国情相适应，又要与德育工作的实情相一致，使德育目标定位于促进学生道德素质的全面发展，改变以往单纯的政治目的。在此基础上，院校在开展德育工作时，不仅要进行职业道德、行为、纪律方面的教育，还要进行有关教育理想、创业能力等有关事项的培训。其中，在进行职业道德教育时，要重视爱岗敬业教育和诚实守信教育。高校德育工作的指导思想，具体体现在以下几个方面。

1.从"小德育"转向"大德育"

德育工作要树立由"小德育"过渡到"大德育"的观念。"小德育"即偏向于道德的理论性教育，学校德育队伍的构成人员主要是有关德育的教学部或专业课教师，内容局限在校内的思想教育，没有将德育工作与社会、家庭的力量结合起来，使德育工作容易脱离教学工作和社会实际，最后背离于社会的发展需要。"大德育"的主要组成部分来源于社会、家庭和学校这三种环境中的德育。随着形势的变化，"大德育"观念应该成为高校德育工作的主要内容，使德育工作的范围不断扩大，充实德育工作的力量，激发教师进行道德教育的热情，使德育工作得到社会各界的有效配合。

2.以学生为主体

德育工作要体现出"以学生为主体"的思想。学生作为德育活动的对象，在对其进行德育教育时，培养的内容包括高度的爱国主义热情、强烈的社会责任感和鲜明的时代精神，这使学生具有高雅的审美情趣、坚韧不拔的性格、持之以恒的毅力和广泛的兴趣爱好，使学生具有独立的思维能力和自我教育、自我评价、自我管理的能力，使学生学会学习、学会为人处世、学会贡献、学会生活。

3.向实践型教育转变

德育工作的具体方式要改变过去的灌输型方式，逐渐走向实践型。灌输型导致的结果是使德育工作最终浮于表面，在短期内会有一定的成效，而忽视了学生的长期的发展；对学生实施种种限制，以保证学生不闯祸为目标，单方面地对学生进行要求和限制；对学生的道德教育就是对学生"错误行为"的纠正，而没有找对道德教育的精神实质和来源，最终学生以反抗情绪和逆反心理宣告对道德教育方式的不满。所以说，为了使道德教育的实效得以发挥，必须改变以往被动的方式为主动的方式，应结合学生的实际，培养学生良好的道德习惯，通过亲身体验和自我反思等途径，使学生提高自身的道德内涵和道德涵养。

4.向科研型教育转变

德育工作应该转变经验型的方向，朝着科研型方向迈进。要达到这一目标，首先要对工作进行周密的计划和细致的规划，根据学生的实际变化特点、专业发展特点制订合适的德育目标，各科教师都要有相关的德育教学内容，鼓励教师进行德育科研工作，进行相关学术研究，使德育工作趋于科学。

5.向"硬"任务转变

德育工作要避免受到"应试"教育的影响，要向"硬"任务转变，改变教育工作的滞后性等缺陷。以往的德育工作只注重口头上、文字上的抨击和呐喊，在实际生活中并没有太大的作为，这就是所谓的"软"任务。因此，必须改变这一方向，向"硬"任务过渡。德育工作的相关领导者要把德育工作提上议事日程切实抓紧抓好，实行对德育工作的检查评估，使其成为教师年终考核的重要组成部分，倾尽学校最大资源和力量进行德育工作。

第二节　高校大学生德育教育的理论依据

一、马克思恩格斯关于道德的论述

（一）马克思主义伦理思想

马克思主义伦理思想是指以辩证唯物主义和历史唯物主义为理论基础的关于道德的科学理论，亦称马克思主义道德学说、马克思主义伦理学。马克思主义道德学说认为道德起源于人的社会实践，是区别人与动物的重要特征[①]。在道德形成过程中，人类特有的意识扮演着重要角色，没有能够体现意识的思维和语言，也就没办法对社会道德关系进行抽象和概括，也就没有道德意识的存在。马克思认为人和动物是通过劳动进行区分的，在人、社会及社会关系诞生的同时，社会道德也随之产生。人的道德觉悟不断提升，道德教育也不断演进和完善。马克思在《德意志意识形态》中指出："思想、观念、意识的产生最初是直接与人们的物质活动交织在一起的……表现在某一民族的政治、法律、道德也是这样。"[②]马克思认为，道德教育不是独立发生与发展的，它是社会的经济基础和人的现实生活的实践，并且被经济和社会关系制约着。马克思认为道德与宗教的区别在于自律，道德自律存在于客观的社会关系中，但社会关系和经济生活又一定程度上制约了个体的自由意志。因此，马克思主义道德学说的核心要义是实现道德自律和道德他律的统一。这一核心要义是我们提出网络道德教育对策的重要理论依据与现实路径。

[①] 马克思恩格斯选集（第1卷）[M].北京：人民出版社，2012.
[②] 同上.

（二）马克思主义关于人的全面发展理论

马克思和恩格斯在《共产党宣言》中指出："每个人的自由发展是一切人自由发展的条件。"①人的全面发展是人类社会发展的理想目标，包括社会关系、能力、个性等普遍提升协调发展。这一理论对于大学生思想政治教育具有积极影响和促进作用。随着互联网的广泛普及和发展，网络道德素养也应是个人全面发展的重要组成部分。马克思主义全面发展理论是我们新时代明确教育宗旨、确定教育方针的理论逻辑，同时也是制定高校思想政治教育教学任务、教学目标的根本遵循，因此也应成为新时代大学生网络道德教育研究的落脚点。我们应对这一理论充分重视，在解决大学生网络道德问题过程中注重理论的运用，进一步同我国具体社情、网情相结合，做好大学生网络道德教育引导工作，帮助大学生这一特殊群体确立正确的道德观、价值观和明辨是非的能力等，进而更好地去促进大学生的全面发展。

二、中华传统文化中的道德思想

2013年，习近平总书记在山东孔府和孔子研究院参观考察时强调："中华民族伟大复兴需要以中华文化发展繁荣为条件。对历史文化特别是先人传承下来的道德规范，要坚持古为今用……有扬弃地予以继承。"②在同年的中共中央政治局第十二次和次年第十三次集体学习讲话中强调要"引导人们向往和追求讲道德、尊道德、守道德的生活"，让每个公民都成为传播中华传统文化和美德的主体之一，并强调"培育和弘扬社会主义核心价值观必须立足中华优秀传统文化"③。

---

① 马克思恩格斯选集（第1卷）[M].北京：人民出版社，2012.
② 人民网.习近平：汇聚起全面深化改革的强大正能量[EB/OL].2013-11-28. http://politics.people.com.cn/n/2013/1128/c1024-23688474.html.
③ 人民网."习近平谈核心价值观"——民族的根与魂[EB/OL].2014-07-31. http://jhsjk.people.cn/article/25373960.

这些都表明了从中华优秀传统文化中发掘道德教育资源是我国教育者需要把握的重点。在我国传统文化中，道德作为一种崇高的人格境界和精神支柱，其有着至高无上的地位与价值，儒家学派创始人孔子认为道德是社会生活中最为重要的一环。孔子个人十分重视道德修养，在其进行教学过程中也极为重视道德教育的推广，儒家的"慎独"思想就是提升道德修养的重要思想源泉。"慎独"作为古代儒者的修德之方，强调的是一个人在独处无人关注的时候，也要谨慎对待自己的言行，始终能保持在"人前"的道德礼仪规范，其本质是强调个体内在的理性自觉，追求自律。慎独的内涵中包括三点。（1）慎省，就是指认真自省，对自己的言行进行检核，对自身的缺点进行反省。孔子的"见贤思齐焉，见不贤而内省也"、曾子的"吾日三省吾身"等都是要求人们自我反省、约束自己的言行，自觉反思检验自己思想言行中的不足之处。（2）慎辨，指的是当一个人处于周围无人的状态时，依然能够根据自己的处事思维对事物进行分辨。明清时期思想家王夫之在其《论语季氏篇》中对"慎辨"思想进行了重点阐释，认为人们想要获得收获，必须谨慎思考，认真辨析所做之事，方可行动。（3）慎欲，就是指人们要正视欲望，并且尽力战胜欲望，不被欲望所左右。《荀子·正名》有言："欲虽不可尽，可以近尽也；欲虽不可去，求可节也。"[1]荀子的这句名言则对欲望本身进行了深刻剖析，认为人的欲望虽然不可能排除干净，但是可以无限趋近于无，而且前进的动力会随着欲望的消退而逐渐枯竭，人的欲望应该寻求办法加以节制。（4）慎言，就是指人们要谨慎言语，即使在独处的时候也要注意自己的言论和说话方式。中国最早的典籍《诗经·大雅·抑》中提到我们说话时应该谨慎并深思熟虑。孔子以"君子欲讷于言而敏于行"作为有德之士的重要标志，在这里讷言的意思是要说话谨慎。（5）慎微，是指从行为的细微之处严格要求自己。朱熹在中庸章句集注中提到："隐，暗处也。微，细事也。独者，人所不知而己所独知之地也。"强调君子越是在隐秘细微之处越是要防微杜渐谨小慎微。"慎独"思想充分体现了儒家传统文化中对于个人道德自律意识培养的重视。道家学派的开创者老子对先贤的思想进行了归

---

[1] 彭岁枫.荀子的礼法君子思想及其现实启示[D].首都师范大学，2008.

纳总结，并提出了以"道"为核心的价值体系。我国传统道德观念"勤俭朴素""谦让不争""淡泊名利"等都与道家有关。道家与儒家所宣扬的道德观念有所不同。在《庄子》中，有不少否定和批判儒家的"仁""义""礼"的内容，道家认为"道德"是"天德"，是自然的"道德"，并且道家并没有像儒家那样做出任何具体的规范和约束。庄子的道德知识体系中将"大道"排在最高位然后是"德"，"是非""赏罚"则排在末尾，他认为，道德是建立在"道"这一顶层观念的基础上，而不是建立在"道德是非"的内容上；道德行为是由自然的"道德"支配，而不取决于道德的"是非"或"赏罚"；自身对于道德是非内容的认可程度和畏惧惩罚的恐惧并不起着决定作用，而自身"道德"才是决定一切的力量。也就是说，道德是非知识并不是道德基础和必要前提。所以，庄子认为："道固不小行，德固不小识。小识伤德，小行伤道。"(《庄子·外篇·缮性》)道德受到来自底层观念的影响很小，且道德水平与底层知识掌握程度呈负相关，底层知识掌握得越多，道德水平可能越低，因为大多数时候，我们会按照自己对于是非观念和价值观的理解去判定世上其他人存在的价值或某件事情的性质，与自己认同的价值观相同的为"是"，反之，与自己所认可的观念相反即为"非"，至此产生许多道德是非问题。所以，庄子强调个人的主体性和个体性，在道德教育实施过程中，关注个体本身，通过调节个体本性、减少物欲，得到个体内心的自由。

综上所述，中华传统文化中的道德思想具有较强现实意义与实践价值，在进行道德教育时公民可从慎省、慎微、慎辨、慎欲、慎言五个方面领会并践行儒家"慎独"思想的核心精神。并且进行道德教育时应以人为本，合乎人性，避免道德教育异化，走向扭曲人性的道路。正如习近平总书记强调："国无德不兴，人无德不立。必须加强全社会的思想道德建设……形成向上的力量、向善的力量。"[①]只要我们十四亿人民上下一心，不断追求"美好崇高的道德境界"，我们的国家、我们的民族就永远充满希望。儒家"慎独"思想作为我国优秀的道德教育思想之一，通过加强大学生道德自律来改善当

---

① 人民网.习近平：汇聚起全面深化改革的强大正能量[EB/OL].2013-11-28. http://politics.people.com.cn/n/2013/1128/c1024-23688474.html.

前网络道德失范现状，提升自身网络道德素养的实践既是网络道德教育的目的也是教育方法。

第三节　高校大学生德育教育的过程与规律

德育存在一定的规律，只有对德育的规律进行把握，才能实现德育目的与德育的实效性。那么大学生成长的规律和时代特点是什么？在德育规律的认识和把握上存在一些什么问题？这是本节需要重点论述的内容。

一、大学生德育过程

德育过程是一个相对独立的教育过程，贯穿德育活动始终，有其自身形成的特点和发展规律，它与人的成长、发展有着密切的关系。

（一）学生品德的形成受到学校、社会、家庭等外在因素综合影响

人作为社会中的人，人的本质是一些社会关系的综合。人的品德正是在社会这个大环境中形成与发展的。因此，品德并不是先天形成的，而是人们后天在社会的影响下形成的，并且在社会交往与社会实践过程中，受到社会政治、社会经济、社会文化等层面的影响和制约。

另外，由于学生所处的社会环境，其中包括学校、家庭在内的不同和学生自身修养的不同，必然导致不同的学生，其品德的形成与发展是不同的。即便是同一名学生，在不同的时期他们的品德形成也可能是不均衡的。

（二）学生品德的发展是个体知、情、意等内在认知运动的结果

按照教育学、社会学、心理学的有关知识，我们可以做以下归纳：人们在学习、接受、实践一种理论、思想的过程中，应表现为四个环节，即认识、情感、信念和行为，也就是我们通常所说的知、情、意、行。这四个环节是相互影响、辩证发展的过程。

大学生的认知是德育的第一阶段，在这一阶段，主要将大学生的理性思维作为主导，通过参加课余活动，提升自己的实践能力，从而产生对德育思想的认同。在这一阶段，教师应该以生动的手段对德育进行科学阐述，调动学生学习的热情和积极性。

大学生的情感反应是德育的第二阶段。在这一阶段，情感主要来自认知，而情感的丰富又可以对认知加以强化和发展，使认知的广度与深度不断加深。通过对大学生进行调查发现，学生是逐渐形成爱国主义、集体主义、美感等情感，并且逐步形成对人生理想、社会政治问题的思考的。这对大学生德育教育创造了条件与基础。而情感的应急因素主要来自社会环境与社会实践。社会上存在的一些不良现象会直接影响着大学生的情感，甚至会导致大学生情感的波动。在这一阶段，教师应该科学、发展地帮助学生分析问题，从而逐步将德育理论转化成大学生认识各种社会现象的依据，进而对他们的实践活动进行指导。

大学生信念和思想方法形成是德育的第三个阶段。高校的重要责任就是通过行之有效的方法帮助大学生形成科学的世界观、人生观、价值观。客观来说，这种形成不可能是一蹴而就形成的，更不能仅仅通过考试来获得，而是需要在长期的社会实践中形成的，逐步实现知、情、意的互动。在这一阶段，教师应该引导大学生将德育的科学方法论和价值导向与个人成才发展结合起来，从而指导大学生的人生实践。

二、大学生德育的规律

规律是事物本身所有的内在联系。大学生德育的规律是什么？对于这一点，应该说人们已经进行了深入研究，提出了很多见解。也就是说，大学生德育是有规律可循的，我们对德育实效性加以研究的目的就是把握德育教育的规律，以用于指导德育教育的具体实践。

（一）德育是教育者、受教育者和环境共同起作用的过程

德育过程是由多个因素构成的，其中主要涉及三个因素：教师、学生与环境，这三个要素是最基本的要素。因此，德育过程的规律首先是这三个要素之间的相互作用的结果，或者说是三个要素共同起作用的结果。那么教师、学生、环境到底如何起作用呢？

1.教师处于主导地位

教师在德育教育中发挥着重要作用，而且要想德育发挥实效性，教师在其中起着关键性作用，教师需要引导学生把握德育规律，让学生学会用德育的规律指导自己的学习和工作，将德育贯穿于自己生活和工作之中。

2.大学生处于主体地位

大学生是德育的教育对象，处于被教育的地位，但是并不是意味着大学生仅仅处于消极被动的地位，换句话说，在德育过程中，大学生应该发挥积极主动的主体作用。学生主体作用发挥如何直接与德育教育的质量和效果相关。

3.环境发挥重要作用

好的环境对学生品德形成至关重要。例如，家庭环境影响学生的道德品质、性格爱好、道德思想等，这种影响有时候超过了学校和社会。因此，我们不能小看环境的作用。

（二）德育是以循序渐进的方式促进大学生品德发展的过程

大学生德育教育的最终目标是培养大学生完善的人格，这显然与中小学德育的目的不同，应该有明确的区分。

1.德育的起步——大学生的认知

认知是客观事物及其规律在人的头脑中的主观反映，是品德形成的前提和基础。认知是人们对于善恶美丑进行评价的前提。认知的来源主要有两个：一是实践，二是间接实践。因此，在德育形成过程中，提高大学生对道德的认知非常重要。当前，一些大学生有不合乎道德的行为出现，并不是一开始有意这样做，而是他们缺乏对道德的认知所造成的。

2.德育的媒介——大学生的情感

情感具有两极性，表现为肯定的情感与否定的情感。情感的作用也有积极的和消极的之分，积极的情感如爱国情感，可以激发个体的爱国情怀，消极的情感则会让人感到低沉。因此，应该激发大学生积极的情感，努力克服消极的情感，这是德育的重要媒介。

3.德育的升华——大学生的信念

信念在人的品德形成中作用巨大。所谓信念，即人们对一定的社会理想、人生理想的真诚信仰，是人们自觉遵循的观点与思想。信念是人们认识与情感的升华，是感情化的认知。信念是一种精神力量，是人生观形成的前提和基础。一个人具备坚定的信念，是一个人品德思想成熟的标志。大学生的信念与世界观、人生观的形成是一致的，属于同一个过程。

对于大学生来说，他们是信念形成的重要阶段。信念是大学生品德形成与发展的重要层面。大学生德育教育的目的之一就是让大学生树立坚定的信念。对大学生展开的一切教育，最终都是为了形成信念。尽管这种转化的过程非常困难，但是只要坚信人类社会必然会走向光明。

4.德育的成果——大学生的行为

行为是经历了人的认识、情感、信念之后所采取的实际行动。行为与实践二者是相通的，其表现出的是人们对外在世界、客观事物的改造。行为是构成人格素质的一项重要因素,是对人类品质优劣进行衡量的重要标志。一个人的思想品质如何,不是看他的言论如何动听,而是看他的行为是否与社会要求相符合。

由于大学生对外界各种影响与应用的不同,从而导致各种的不同。有的人能够做到言行一致,但是有的人做不到,具体到每一名学生思想品德的成熟过程,也是一个知行一致与不一致的矛盾过程。因此,大学德育的目标,就是引导他们完成从知到行的转化,不断地产生正确行为,并形成良好的行为习惯,进而形成良好的品德。

第四节 高校大学生德育教育的困境与成因

一、高校大学生德育教育的困境

(一)教学思维存在滞后性

从目前高校大学生德育教育的现状来看,教师的教育理念和教育思维存在一定的偏差,很多教师在实施德育教育的时候,既不充分对学生的心理特点和性格特点进行调研,准确掌握学生的个体差异,也不能从高校大学生德育教育的外部环境入手,对德育教育的内容和形式进行及时的更新调整,而大多数时间里就是完全对着教材照本宣科,导致德育教育脱离了高校大学生个人发展的现实需要,也与外部成长环境存在较大的差异性,严重影响了德育教育的实施效果。

（二）德育教育的实效性不足

需要看到的是，高校大学生的德育教育与普通中学的德育教育还存在一定的差异性，主要表现在高校大学生德育教育应该与职业教育的内容、体系和目标有机结合起来，而不能脱离职业教育的目标和内容，高校大学生德育教育不仅要有理论高度，还有要实践效果。而从这个角度来看，当前一些高校在实施德育教育时，并没有将德育教育内容与职业教育有机融合，使德育教育的作用和效果无法得到充分的显现和发挥。

（三）学生对德育教育理解存在偏差

从目前高校大学生的个体情况来看，由于学生的独立意识已经开始萌芽，对外界的事物存在了一定程度上的理解和认知，而且这种认知具有一定的不稳定性，常常容易受到外界环境和因素的干扰，这就导致教师实施的德育教育很容易受到学生的抵触和反感，有的学生甚至认为德育教育是可有可无的，有的甚至对教师的德育教育产生逆反情绪和心理，这也导致德育教育无法取得应有效果。

二、高校德育教学面临困境的主要原因

（一）学校因素

随着高校大学生在校人数的逐渐增加，高校的教学、科研和管理等各个方面都承受了巨大压力，导致师资力量、资金投入、教育资源等方面的严重不足，也在很大程度上影响了高校对德育教育的重视和关注。特别是一些学校对德育教育的作用理解不深刻，有的认为德育教育就是一门普通文化课而已，与学生的职业能力和操作能力相比存在较大的差距，并不是高校教育的重点和关键，这种理解上的偏差也就很大程度上导致了德育教育水平无法持续提升。

（二）家庭因素

从高校在校生的个体情况来看，大多数学生都是"00后"，而且很多都是独生子女，从小在家庭中始终受到父母和长辈的关注，有的家长甚至十分溺爱孩子，这也让很多学生养成了任性、娇气、情绪暴躁等多种不良习惯和行为，而德育教育的过程恰恰是引导学生们控制不良情绪、摒弃不良习惯的过程，而在此过程中，必然会导致学生在心理、情感和行为上的不适应，导致德育教育无法得到学生的认可和接受。

（三）环境因素

从传统高校大学生德育教育的外部环境来看，相对比较单纯和简单，随着网络信息技术的不断普及应用，特别是智能手机的大范围普及，高校大学生通过网络可以获取自己想要的各种资讯，而同时一些网络上的错误思想和负面言论也会对高校大学生的思想意识产生一定的负面影响，导致德育教育的作用受到极大的影响，这也影响了德育教育效果的发挥。

三、高校大学生德育教育实施的科学路径

（一）努力转变教学思维和教学理念

一要重视高校大学生德育教育，无论从教学的角度，还是教师的角度，都要充分认识到德育教育对青少年身心发育成长、合格职业人才培养输出和高校自身发展的多重作用，进一步将德育教育提升到与职业教育同等重要的位置，将德育教育真正摆上重要议程。

二要强化对德育教育的认知和探索，德育教育不是一蹴而就的，也不是一劳永逸的，而是随着环境调整而不断调整完善的，要进一步丰富教育资源，强化教学探索，保证德育教育与时代同步。

（二）不断强化教学内容和教学模式创新

一要提升实效性。要立足学生身心特点、把握外部环境变化、注重职业道德培养等多种任务目的，对高校的教学内容进行大胆革新，从理论、数据、案例等多方面进行调整，保证教学内容能够满足德育教育实际需要。

二要提升创新性。要不断提升德育教师的专业能力和综合素养，充分利用微课、翻转课堂、情境课堂等全新的教学形式和载体，让德育教育的形式更加贴近高校大学生的内心和生活，让学生从内心深处产生共鸣和认可，让德育教育对学生的个人成长发展起到有效的促进作用。

（三）要注重良好校园氛围和校园文化的营造

德育教育不仅要有的放矢，也要春风化雨，要充分发挥校园氛围和文化的熏陶影响作用。

一要创造良好的校园环境，要通过传统文化学习、传统诗词诵读、传统礼仪普及等方式，让高校校园环境更加适合德育教育实施，更好地发挥辅助和影响作用。

二要打造良好的校园文化，要通过校训、校歌、校徽等文化载体，通过讲解和阐述这些文化载体的文化内涵和德育内涵，进一步凝聚学生的思想意识，提升学生的道德品质，促进德育教育效果的发挥。

综上所述，强化高校大学生德育教育是一项非常重要的工作环节和内容，必须引起高校和德育教师的高度关注，并持续将德育教育与学生日常生活、职业能力培养、职业生涯规划、职业道德提升、心理健康引导等有机结合起来，充分进行方式创新和路径探索，充分释放德育教育得天独厚的优势和作用，切实促进高校德育教育发展再上新台阶。

第五节　高校大学生德育教育的实践分析

一、高校德育实践中存在的问题

当前，德育工作在获得明显发展的同时还存在着许多与德育要求相抵触的现象。例如，一些院校没有把德育与基本知识教育、管理教育等相关配套工作紧密结合；德育课教师水平有很大的差异，总体来说，这些教师的水平都有待改善，以致德育教育教学的质量存在着一定的缺陷；对于德育课的不重视，使得德育教育流于形式，得不到保障；教学内容单调乏味，十分枯燥，与实际生活脱节；忽视了学生的心理建设，给学校教育的德育工作造成重重阻碍。

（一）工作方式没有结合学生的特点

高等教育的普及程度不断提高，招生范围不断扩大，在这一过程中，对于学生的基本素质要求有一定的松懈，出现部分素质低下的学生。正因如此，各界对高校的认识存在一定的误区，抱有一种鄙视的心态，造成高校的社会地位一直不高。

从学生的角度来看，高等职业学校是他们最后的选择，是不得已之举，他们选择高校实属无奈。他们基础知识薄弱、个体之间的差异性十分明显，精神状况普遍比较消沉，入校后的适应程度比较低。同时，学生没有考虑自身的不足，而一味地将责任归咎于他方，如要求优良的学校条件，要求高水平的老师，要求优质的校园服务；但在学习过程中，他们又表现出相当的惰性，如学习目的不明确，缺乏求知的欲望，产生厌学情绪。

相当一部分高职院校学生的自信心比较缺乏，在多元化的价值观念中进行选择时，部分学生感到十分迷茫和困惑；有些学生缺乏正确的道德标准，知行分离；崇尚个人主义，漠视集体主义，缺乏社会责任感，进而出现了拜

第二章 高校大学生德育教育理论与实践解析

金主义，唯利是图；对自己的工作报酬普遍不满，缺乏基本的敬业精神；极个别学生甚至走上了极端，置道德和伦理于不顾，不择手段，最终造成不可挽回的局面。进入21世纪以后，就业的压力不断增加，企业对从业者的要求不断提高，使学生怀疑自己的知识能力和工作能力，导致心理失衡，心理承受能力较弱；在接受德育时，学生出现了精神厌食现象，比较封闭、逆反，增加了德育工作的难度。

然而，院校的德育工作没有结合这些特征和实际，仍然实施惯有的、传统的道德说教等手段，与学生的身心发展特点严重不符，造成德育工作的滞后。虽然其间有过努力改善，但这种状况并没有从根本上得以扭转，成为德育工作的一大问题。

（二）课程内容和课程改革方面的问题

在进行德育课堂教学中，经常遇到的问题是教师教的难度增大、学生厌学情绪未见消减，从而使对学生进行的德育核心内容的有效输送和渗透受到影响。造成这种现象的原因是：现代社会中，通信工具和交通工具的不断革新，全球化进程的继续，各种思想价值观念的交融十分普遍，由此造成学生思想价值观念趋于多元化。但是在院校的德育教学中，那种教师居于绝对权威地位，过分迷信书本知识，采用灌输式的说教型的教学方法进行德育，抑制了学生对于德育课程的参与热忱以及在学习德育课程中创新思维的发展。

（三）教师队伍的认知水平有待改变

近些年来，在德育观念方面，高校存在一种错误的认识。一些人认为教师各有各的分工和责任，德育的责任由德育课教师、辅导员等来担当，其他教师若进行德育工作，则是名不正言不顺，越俎代庖，超出了自己的工作范围。所以德育的责任和义务不应该由其他任课教师来担当。高校中专门的德育机构并未建立的事实大量存在，专职德育、心理学的教师比较短缺，非专业德育教师兼任德育课的教学工作的现象普遍存在，甚至习以为常。校团委、班主任（辅导员）具体负责学校德育工作的落实。

在进行德育工作时，这些人员的工作侧重点各不相同，在培养目标、实施步骤等方面，合作的基础比较脆弱，使学校的德育整体力量相对薄弱，学生得到德育熏陶的机会比较单一，使学生得不到健全的发展。学校不光是知识的圣地、智慧的殿堂，还应该是社会主义精神文明建设的重要阵地之一。学校的使命包括教书和育人这两方面的内容，完成这一使命的人包括全体教师，这样才能形成合力，使全体人员的德育力量得到最大限度的发挥。

还有，德育工作应该是一种具有特殊性和独创性的工作，然而部分教师队伍对此缺乏深刻的了解。教师在教学过程中的育人意识、德育意识比较缺乏，致使学问与道德之间，班主任、德育教师与非德育教师之间出现割裂。另外，一些教师不注重自身道德修养中的意蕴，受市场经济带来的消极影响，部分教师金钱万能的思想不断滋生，追求个人至上，以金钱为风向标等，造成职业信念淡化、职业水平降低、岗位责任意识淡薄、工作热忱减弱现象。

（四）教学队伍脱离于学生管理队伍

近些年来，德育教育管理工作产生这样一种现象，对学生有深入了解的教师不一定会系统地进行德育工作，系统进行德育工作的教师并不一定对学生有深入的了解。虽然绝大多数院校都意识到德育工作途径的多样性，但在实践中形成的合力十分有限。导致这一现象产生的原因在于：德育教师一般比较注重课堂教学，忽视了对学生的具体了解，缺乏对学生管理工作的参与；对学生进行德育的教师，偏重于对学生日常行为的管理，在疲于奔波的时候，对学生德育上的教育和引导缺乏系统性。

（五）未能充分挖掘德育的评价功能

很长一段时间内，学校没有充分认识到德育评价的重要功能和作用，对学生的德育评价未能获得一定的反馈效果，致使德育的评价功能未能充分发挥。形式主义的通病普遍存在于院校的德育教学中，只看表面，流于表面，追求形式上的效果，达到表面要求，缺乏深层教育和德育的实质要求。

以往，教师习惯于将学生的成绩与对学生的德育评价挂钩，教师认为成绩好的学生，其道德必然也会突出，将学生的智力发展和精神发展笼统地联系起来。在这种思维的作用下，教师和学生将德育观念定位于对智力的发展上，忽视了学生德、智、体、美、劳、身心的全面健康发展，用成绩来决定学生的一切行为，用分数来评价学生的性质，这样必然会扭曲德育的评价功能，无法发挥其作用。

二、高校德育工作的改革方向

德育工作可以从以下几个方面来着手实施。

（一）完善制度建设和加强组织领导

要进行德育工作的实践，建立一定的德育工作制度是其首要条件，学校德育工作需要一定的规范体系进行约束和指导，由此诞生了德育工作制度。因此，从某种程度来说，德育工作制度是一种管理制度。它不但具体规定了学校德育工作的大致方向和基本框架，而且对学生的精神面貌和道德要求做出了相应的规定和指示；指挥、组织、协调、指导和管理相关人员的工作，最终完成德育任务；为抽象的德育工作提供具体的、正确的、实用的、有针对性的实践指导，从体制上保证学校德育目标的实现，避免学校德育工作中出现的主客体错位，出现没有恰当的德育要求和德育工作的重要性被忽视的后果，避免产生德育流于形式和缺乏针对性以及走向功利化的趋势。

正因为德育工作制度如此重要，所以在德育实践中，必须建立健全德育制度，以本校学生的发展特点、教育培养目标、各部门的任务与分工、办学特色和切实可行的措施为依据，有针对性地制定出学校德育工作制度。

这里应该指出的是，制定出的德育制度还应该关注培养学生的自律意识和自我规范能力，弱化他律的作用，尽量避免出现强制的手段，使学生学会独立成长和不断挖掘自身的潜力的能力；任何制度若是没有监督的内容，制度的实施最终会走向混乱，使人们的行为具有随意性和主观性。因此，学校在制定德育工作制度时，必须规定监督的有关内容，避免德育工作出现空喊口号脱离实际的作为。

德育工作需要有相关的领导者来进行统筹规划和整体布局，德育工作可以实行校长负责的领导体制。对学生进行的德育工作统一接受校长的领导，校长宏观把握德育工作与其他工作之间的关系，部署、检查、评估，三者之间同时进行。要是工作量比较大，副校长可以分担一些工作，明确规定学校各部门之间的责任与任务，积极配合，共同完成德育这项重大的工程。"党组织要发挥政治核心和监督保证作用，支持和协助校长做好学生思想道德教育工作。"[①]

另外，院校不同组织和不同部门之间，应当制定出相应的、具体可行的德育工作计划、工作方案和目标，层层把关，落到实处。

（二）提高工作队伍的质量

德育工作对高职院校德育教师提出了较高的要求。高职院校要想较好地实现德育目标，可以吸纳、挑选学校各个组织部门的优秀人员，如党政干部、德育课教师、班主任、共青团优秀干事、班级优秀干事等为本校的德育工作发挥骨干作用。德育工作，是学校所有教师都应该负有的责任，不容相互之间的推诿。学校要建设一支高质量的德育工作队伍来实施工作，需要注意以下几点。

1.要注重学校党政干部、共青团干部队伍的建设

党政干部和共青团干部在德育工作中，主要负责组织、协调、实行思想道德教育。各高校以及相关的教育行政部门，要加强团组织和团干部队伍的建设，充分发挥其在学生思想道德教育方面的模范作用和带头作用。以"党建带团建"，在党建工作的总体格局中应该纳入团建工作，使党建工作机制不断完善；党政干部要对共青团的工作进行领导和指示；完善共青团组织建设工作，对表现出色的团干部进行选拔和培养，争取达到"校校有团委"的

---

① 贺祖斌.职业教育管理[M].北京：北京师范大学出版社，2010.

目标和"班班有干部"的水平。

2.要注重班主任（辅导员）队伍的建设

班主任的责任重大，对学生的思想、学习和生活等各个方面都要进行帮助和指导。所以，高校在选任班主任时，要从思想素质、身体素质、业务水平、职业精神等方面出发，任用适当的人选。班主任的绩效工资分配要有适当的增加，使他们能够全身心地投入到自身的工作中去。适当地对班主任进行培训，为他们的思想和工作不断注入新的活力和力量，提高班主任队伍的质量和素质。建立健全优秀班主任的表彰奖励机制，以班主任的业务水平为参考，以此来决定班主任的聘任、晋升。在聘任高级教师时，应该适当优先考虑优秀班主任。

3.要重视德育课教师的队伍建设

德育课教师是负责对学生进行德育教学的专业人员，是对学生进行德育的专门力量。他们根据课程内容和特点，将德育的相关知识传授给学生。学校要高度重视德育课教师的设置，严格依据德育课的课时需要和教学任务，设置足够的德育课教师；定期进行培训工作，提高德育教师的专业水平和教育教学能力，不断创造条件，加强德育课教师自身的思想建设。通过不断努力，使培养出来的德育教师队伍教学能力强，思想觉悟高。

（三）发挥教师的主导作用

在德育工作中，教师在组织德育活动的同时，还要将一定的社会要求、社会意识传达、表露给学生，以保证德育目标的更好实现。

韩愈对教师地理解为："师者，所以传道，授业，解惑也。"[①]教师不仅向学生传授基本的知识和技能，还一定程度上影响着学生的道德行为习惯。教师与学生不仅扮演着实施教学者与接受教育者的角色，还存在着指导者与

---

① 黄永年.韩愈诗文选译[M].南京：凤凰出版社，2011.

被指导者等多种角色，在学生品德形成过程中，教师的影响是无法比拟的。为此，在德育工作中，必然需要发挥教师的主导作用。"学校德育工作需要有许多条件，但教师是起关键作用的因素和条件。"[①]在学生人格形成过程中，教师影响着学生人格的发展方向。对于学生来说，教师无疑具有强大的吸引力、重要的影响力、高大的权威性和深厚的感染力。教师的一言一行，都是学生学习的对象和榜样，教师通过自身的独特魅力和教学手段，使学生在潜移默化中产生强烈的"亲其师"的倾向。在教师和学生的相互沟通和交流中，师生共同体验到教学过程中的愉悦。所以，在进行德育工作时，要使教师的主导作用得到充分发挥。

（四）建立科学德育评价体系

在德育制度和德育过程中，德育评价作为其中的基本要素之一，对德育工作起着导向、监督、调节作用，并推动工作的不断发展和取得进一步的成果。"道德评价能力的发展是道德观念形成的重要组成部分。"[②]

为了改变长期存在的形式主义通病，德育评价需要有正确的标准和科学的态度。德育工作要想取得更好的实效，院校必须改革德育评价体系，探索进行德育评价的新方式。高校所具有的职业性特征是其与其他教育类型相区别的重要标志。这一特点决定了其德育教育需要重视学生个人品质、精神、素养等情感道德方面的状况，摆脱以考试成绩评价学生的错误模式。因此，高等院校应该要注重培养学生良好的职业道德，使他们爱岗敬业，工作踏实、勤恳，具有诚实守信的品质。另外，德育工作者要注重发展学生的个性，充分考虑学生的个体差异和发展的不平衡性，恰当、公正地给学生进行德育评价。

德育工作者除了要建立科学的德育评价体系，在引导和培养学生时，还应该有正确的教育思想和方法，也就是需要德育工作者树立长期的目标，在

---

① 谈松华.时期德育的若干特征[J].中国教育学刊，2001（01）.
② 韩进之.教育心理学纲要[M].北京：人民教育出版社，2005.

评价工作中具有较强的耐性和细致的工作态度，从细微处着手，通过小的细节找到突破口；有计划、有步骤，由浅入深，循序渐进，切忌急功近利，妄想一步登天，揠苗助长；以学生的长远发展为着眼点，以鼓励学生为主导思想，坚持以正面教育为主，以表扬为主，采用正面积极的方法激发学生的自我教育能力以及学习的主动性，促进学生的长足发展；在工作中，要善于发现、鼓励学生，使学生树立自尊心和自信心，充分肯定自我。

高校德育工作中，职业道德教育占据重要地位，学生与社会职业的接触更为明显，为了促进学生的就业，对学生进行职业道德教育是一项明智之举。

第三章 中华文化认同视野下高校大学生德育教育的科学运用

中华优秀传统文化是中华民族最深层的精神追求,是中华民族不断壮大的深厚基础。大学生担当国家前途强大光明的大任,肩负着祖国的未来,不但需要科学知识的储备,还需要健全的德育,二者相互支撑,不可或缺。将中华优秀传统文化渗透到大学生的德育中去,一方面,可以传播中华优秀传统文化,增加大学生对我国传统的认同感;另一方面,也可以通过文化的力量搭建大学生德育的平台,拓宽培育的渠道。本章重点研究中华文化认同视野下高校大学生德育教育的科学运用。

第一节 中华文化认同视野下高校大学生德育教育的意义

人类活动是在的一定文化环境中进行的,德育当然也是如此,因此文化性不言而喻亦成为德育的重要特征之一。从本质上说，德育的真谛就在于为一个民族和国家构筑一个思想的支点和灵魂的休养生息之所。

一、德育自身发展的内在要求

我们开展德育教育必须充分汲取中华优秀传统文化的营养，要尊重中国传统文化、行为方式、思维习惯等，并且基于中国发展实际和人民需求创造性地继承和发展具有鲜明民族特色的中国传统文化。这是实现马克思主义中国化的重要基础，只有这样才能推动我国德育事业在马克思主义的指导下不断前进，才能充分发挥德育的作用推动社会发展。

我们党通过历史实践总结出，必须将德育当作一项长期持续的事业加以重视，我们开展德育教育根本上是为了提高受教育者的思想道德素质，促进人的全面自由发展，并以此为基础为中国特色社会主义建设提供重要力量，从而最终实现建设共产主义的目标。促使人的全面自由发展包含了很多内容，其中就包括人们提到的文化素养，因此开展德育工作必须将文化当作一个重要方面。从我国德育的发展现状可以看到，政治性一直是我国德育的重点，文化性在一定程度上被忽略，这也是造成德育资源过于单一、教育形式过于呆板的主要原因，在我国德育发展中忽略了文化要素的丰富性与提升性，这就导致德育普遍表现为政策、文化和说教，但实际上通过增加德育的文化含量可以丰富其内容和形式。由于我国当前的德育存在文化性缺失的问题，导致教育资源日益减少，同时还在一定程度上削减了德育的育人功能，这些因素均对我国德育的健康发展造成了阻碍。中国传统文化是一种崇德型文化，这就使其在继承和发展的过程中逐渐形成了"文化化人"和"文化育德"的优良传统，这也是中国传统文化可以成为德育资源的原因。

可以看出，随着文化在国家和社会发展中重要性的不断提升，增强德育的文化性成为必然趋势，这就要求我国德育必须与中华优秀传统文化有机融合，在充分结合中国发展实际的基础上继承和发展中华优秀传统文化。

二、拓宽德育渠道的要求

将传统文化融入德育中,不仅补充和丰富了原有的教育内容,同时还在一定程度上拓展了德育的渠道。中国传统文化重视人格修养,强调律己修身。在大学生中开展修身教育,可以有效调动他们的自我教育积极性,实现德育的全靠外部力量向内外力量同时发挥作用转变,通过这种方式提升德育的实效性。

(一)道德践履

践履是指亲自去实践,实践是检验真理的唯一方法。中国传统文化中蕴含着很多优秀的道德修养的内容和方法,这些精华究竟给我们带来多大的益处,追根到底就在"践履"上。

对于道德实践,我国古代先贤早就提出了自己的观点。孔子说:"不能正其身,如正人何?""其身正,不令而行;其身不正,虽令不从。"这里所说的"正"就是行。荀子说:"不闻不若闻之,闻之不若见之,见之不若知之,知之不若行之。"意思是说对于知识,没听到不如听到,听到不如看到,看到不如了解,了解不如去实行。"知而不能行,与不知同。"陆游说"纸上得来终觉浅,绝知此事要躬行",这是我们耳熟能详的名句。南宋理学家朱熹讲"博学之、审问之、慎思之、明辨之、笃行之"的方法论,"笃行"讲的是坚定不移的实践精神。道德践履发展到王阳明那里便成了"知行合一"的命题。王阳明说:"致知之必在于行,而不行之不可以为致知。"据王阳明的观点,在道德教育过程中,知而不行不全是真正的"知",只有身体力行,才可能真正掌握道德。

(二)省察克治

这里所说的"省察"主要是指自我检查、自我反省,通过"省察"可以使人们及时发现自身行为和思想中的不足之处和不良倾向,在此基础上可以做出及时调整和改正；这里所说的"克治"主要是指自我纠正，这是在"省察"基础上实现的自我完善，通过自我检查及时调整思想和行为中的不足之处和不良倾向。省察克治来源于孔子思想，由王阳明正式提出并阐明。具体来说，省察克治可以从以下两方面进行阐释。

1.自省

"自省"在大学生德育中十分重要，这就是要求大学生要经常在内心反省自己的言行，扫除邪恶的东西，保留善的东西。要求人要经常反省自己的思想和行为，辨察自我意识和言行中的善恶是非，严于自我批评，及时改正自己的过错。孔子也说过"内自省""吾日三省吾身，为人谋而不忠乎？"孟子则提出"反求诸己"的思想。自省相当于现代人所说的自我批评，是传统文化中儒家所倡导的一个重要的修养方法。

2.内察

"内察"是建立在"自省"之上的一种德育途径，这是从行为动机的层面来说的，源于"自省"但又高于"自省"，比自省更深刻、更严格。

人们在发现错误后应该及时改正错误，而改正错误的关键就是要有勇气，应该用端正的态度对待错。子曰："过则勿惮改。"这就是说人们犯错后不应该害怕改正，这就是要求人们正视错误，用端正的态度及时改正错误。"人非圣贤，孰能无过？过而能改，善莫大焉。"人无完人，每个人都会犯错，但是不用正确的态度看待错误，坚持不改正错误那就成为真的错误了。"过而不改，是谓过矣！"孔子曾经称赞颜回"不贰过"，实际上就是说颜回勇于直面错误并及时改正，这样才能从错误中吸取经验教训，做到不犯同样的错误，正视错误及时改正是提高自我的重要途径。可以看到，用端正的态度看待和改正错误是一种重要的学习方式，以此可以有效提高自身的道德修养。

同时，我们可以从一个人对待自己错误的态度判断这个人的品行。具有优秀品质的人就会用端正的态度看待自己的错误，并及时予以改正；品行差的人则会一味逃避、不承认自己的错误，还会有人坚持不改正自己的错误。子贡曰："君子之过也，如日月之食焉；过也，人皆见之；更也，人皆仰之。"子夏曰："小人之过也必文。"子贡和子夏所说的就是通过人们对待错误的方式评判一个人的个人品质。

(三) 慎独

"慎独"就是指"莫见乎隐,莫显乎微,故君子慎其独也"。也就是说,慎独是指一个人独自居处的时候严于律己,戒慎恐惧,"如临深渊,如履薄冰",防止有违背道德的思想或不符合道德要求的行为。"慎独"要求我们从隐处、微处入手,因为往往是在隐蔽和微小的地方更能看出一个人的道德品质。这是因为具有高尚道德的人会时刻严于律己,也就会在各个方面都体现出良好品质,只有做到在"隐""微"处都严于律己,才能不断提升自己的道德境界。随着社会主义市场经济发展,很多大学生在激烈的市场竞争下将提高专业知识和技能作为最重要的事情,却忽略了自身道德品质的培养,这种过分强调功利的态度和做法十分不利于他们的健康成长。这就要求大学生从隐蔽处、细微处入手培养自身道德修养,严于律己,树立正确的价值观,用客观的态度认识和判断是非、善恶、美丑,塑造符合社会要求的完美人格。

从以上分析可以看出,我国古代有很多德育途径,所以将传统文化融入当代德育可以有效拓宽教育渠道,提供更丰富的教育方式。我国古代先贤有过很多关于道德修养的论述,光儒家在道德修养方面就有十分丰富的论述。文化发展具有历史继承性,在新环境、新形势下,我们需要在符合当前社会要求的基础上合理地取舍和改造传统文化的修养方法,要将马克思主义作为理论指导,将优秀传统文化与当前社会的道德要求有机结合在一起,通过这种方式可以有效丰富大学生德育的途径和方法。

三、在大学生中开展中国梦教育的要求

中国梦是国家的梦,是民族的梦,是人民的梦,它集中体现了近代以来中国人民的理想和夙愿。

首先,中华民族伟大复兴拥有坚实的大众心理基础和基本精神动力,也

就是中华民族文化为中华儿女带来的强烈民族自豪感和文化自豪感。

其次,中国梦和中华优秀传统文化均包含了强烈的爱国主义精神。从中国的历史发展来看,中华民族发展历程中留下了很多壮怀激烈、感人至深的爱国事迹和诗篇。中华优秀传统文化中包含了舍生取义、精忠报国等爱国主义精神信念。

最后,中国梦涉及的很多要素都带有浓厚的中华优秀传统文化气息,中华优秀传统文化的精神气质在中国梦的各个方面都有所体现。中国梦要求人们要有自强不息的拼搏精神,要求社会要实现公平正义,强调个人理想、前途与民族理想、前途的有机统一,强调国家和社会要实现和平发展、追求合作共赢,而这些精神理念同时也是中华优秀传统文化的重要内容,中华优秀传统文化可以为中国梦的内涵提供重要的内在依据和有力支撑。

可以看出,中国梦在一定意义上继承和发展了中华优秀传统文化,浓缩了中华民族五千多年的优秀文化基因。因此,想要实现中国梦就必须将中华优秀传统文化资源作为重要内涵,加强中华优秀传统文化和社会主义先进文化的有机融合、共同发展,在中国特色社会主义伟大事业的建设中充分发挥中华优秀传统文化的作用,使之成为重要的力量源泉,并将优秀传统文化作为实现中国梦的重要根基。

四、在大学生中培育和践行核心价值观的要求

社会主义核心价值观的发展和完善也离不开中华优秀传统文化发挥作用,社会主义核心价值观是在充分结合现代社会发展实际的基础上对中华优秀传统文化的继承和发展,二者具有内在统一性,只有加强社会主义核心价值观培育和践行与中华优秀传统文化弘扬和发展,才能为国家和民族的发展提供重要的精神力量,才能推动中国特色社会主义事业的兴旺发达。

(一)从国家层面看

中华民族一直重视"民本",在我国历史文化长河中,"民本"始终是人

们对文化思考的重要方面。《尚书·五子之歌》中讲："民惟邦本，本固邦宁。"这就是说，人民是一个国家的根本和基础，只有为人民提供良好的生活条件，保障他们的生活富足安康，才能实现国家的安定团结、和谐稳定。而这与社会主义核心价值观所倡导的"富强"和"民主"契合，都是从人民的利益出发，为人民创造良好的生活条件，只有关注民生问题，为人民解决生存和发展的问题，才能实现国家富强，可以说社会主义核心价值观提倡的"富强""民生"是对中国传统民本思想在现代社会的升华和发展。

中华传统文化中蕴含着"天人合一""和而不同"的思想，"天人合一"是指人们在从事各种社会生活活动时应该遵循自然规律，应该维护人与自然的和谐共处，构建人类社会和自然环境的和谐关系；"和而不同"是指人们在人际交往的过程中应该在坚持自己立场的同时建立和谐友善的人际关系。也就是说，在与自然相处的时候应该做到敬畏自然、尊重自然，在与他人相处的过程中应该做到求同存异，与他人建立自由、民主、平等的人际交往关系，从而实现人与自然、人与人的和谐和可持续发展。而这实际上就是社会主义核心价值观中"和谐"思想的体现。

（二）从社会层面看

"己所不欲，勿施于人。"这就是说，人们应该在做事的时候顾及他人感受，不能将自己不愿做的事情强加到别人身上。孟子也提出过很多自己的观点。《孟子·滕文公上》中讲："出入相友，守望相助。"教导人们要彼此关心、互相扶助。《孟子·梁惠王上》中讲："老吾老以及人之老，幼吾幼以及人之幼。"指在赡养老人、抚育孩子时，也应顾及与自己无血缘关系的老人及小孩。这些强调博爱的论述都是以"和谐"为特色的中华优秀传统文化的反映。体现在当代，就是要求致力于构建民主法治、公平正义、诚信友爱、充满活力、安定有序、人与自然和谐相处的社会主义和谐社会。

第二节 中华文化认同视野下高校大学生德育教育的缺失表现及成因分析

一、中华优秀传统文化在大学生德育中的缺失表现

习近平总书记在党的十九大报告中指出，我们要"深入挖掘中华优秀传统文化蕴含的思想观念、人文精神、道德规范，结合时代要求继承创新，让中华文化展现出永久魅力和时代风采"。这也为我国德育工作指明了方向，必须推进传统文化与德育的有机融合，提升大学生的思想政治水平和综合素质。但我国在该方面仍然存在一些问题，只有正确认识这些问题才能在此基础上结合问题、实现发展。

（一）大学生缺乏对传统文化与德育关系的正确认识

1.大学生德育缺乏对文化教育的重视

长期以来，我国高校德育工作始终存在结构偏失的问题，在课程内容建构上来看，主要是以政治理论为主要内容，却严重缺乏文化内容，尤其是缺乏中国传统文化相关教育内容，这种只重视政治教育忽略文化教育的德育无法充分发挥作用，获得的教育效果也无法持久。近年来，我国高校开始重视优秀传统文化教育，高校德育工作发生了一定变化，但是从整体上看仍然是重政治而轻文化。在这样的背景下，随着市场经济发展和改革开放程度加深，西方文化思潮通过各种渠道涌入我国，对我国高校德育产生了一定影响。一方面，这种文化流动可以使大学生具有更宽阔的学术视野，使他们可以直接对比中西文化，从而吸收其中精华的部分；另一方面，西方文化对大学生的政治态度、价值观念和道德意识等造成了一定影响，使大学生在一定程度上对主流思想文化持冷漠态度，还可能排斥接受德育。

2.大学生德育缺乏对思想教育的重视

市场经济的发展带来了激烈的市场竞争，在这样的环境下，高校教育产生了功利性倾向，在课程设置方面将专业技能培养作为重点，忽略了大学生的文化素养培养，也就导致很少有涉及中国传统文化的教育内容。一些高校虽然开设了《大学语文》《中国传统文化概论》等选修课，但是却没有真正将优秀传统文化教育作为一项重要教育内容，没有意识到这项教育的重要性。中华优秀传统文化教育的效果并不会在短时间显现出来，高校也就不能通过传统文化教育获得眼前利益，这就导致高校不重视传统文化教育，在教育制度和课程设置方面均不重视传统文化教育，这就导致和传统文化密切相关的道德观、价值观等的教育都受到了极大的冲击和挑战，高校德育也就出现了重智不重德、重技能轻思想的趋势，导致当前很多高校都缺乏人文思想和人文精神。

（二）大学生缺乏对中国传统文化的正确认识

1.缺乏对中国传统文化价值的深刻认知

当前我国很大一部分民众对中国民族文化的价值没有正确的认识或是认识不够深刻，在西方文化的冲击下，很多人开始对中国传统文化失去信心，而在这种冲击下只有少数专家和学者仍然坚持研究和传承发展中国传统文化。新中国成立后，各种国内外因素对传统文化的发展形成了制约，而这就使传统文化在我国进一步丧失了民众基础。当时间推移至20世纪90年代，外国学者对中国传统文化的兴趣甚至超过了中国人，传统文化在中国被人们漠视，那些传统典籍也几乎无人问津，反而是日本、韩国等亚洲国家和一些西方国家开始深入研究中国传统文化。在这样的背景下，中国人逐渐意识到传统文化的重要性，逐渐重视对传统文化的研究，积极挖掘和探索传统文化，推动优秀传统文化在中国的发展。

当前，很多青年男女一味地追求物质，在精神建设方面出现滑坡，他们的成长和发展与中华民族优秀传统文化渐行渐远，相较于中国传统文化，西方文化更吸引他们，对他们的影响更大。但实际上他们并没有真正了解西方文化，而仅仅是通过商业化、炒作等看到了西方文化的表象，实际上并不了解西方文化的本质与内涵。同时，人们一味地追求西方文化，却忽略了中华优秀传统文化的价值，没有意识到优秀传统文化对自身成长和发展的重要意义。当代大学生不重视优秀传统文化的潜在价值，在"西化"背景下，他们的价值取向趋向单一化，过于功利成为当代大学生的一个显著特征，在精神领域的追求十分匮乏，并不将伟大的历史人物作为偶像，而是将那些影视明星、富豪当作自己向往的对象；他们不再将科学家、教师、医生等职业作为自己的追求，而是认为什么职业能获得更多金钱和权力才是他们的理想职业。

这些问题并不是单纯的反映社会事实，而更重要的是体现了中国文化的发展趋势，这种发展趋势已经严重偏离了中国特色社会主义文化建设提出的要求。从传统文化的角度来看，中国传统文化是中华民族的灵魂，是中华民族的民族象征，是促使中华儿女可以在磨难中坚韧不屈的精神力量。对于中国特色社会主义建设而言，中华民族传统文化的巨大凝聚力可以发挥重要作用，同时这也是推进我国社会主义现代化建设的重要精神力量。

2.缺乏对中国传统美德的继承和发展

在中华民族的历史发展中产生了很多传统文化，中华民族传统美德则是这些传统文化中的精华部分，是中华民族的宝贵历史遗产和财富，但是就我国大学生当前的思想道德品质来说，仍然有很多人不具备这些优秀品德，其言行与身份严重不符。清华大学的张岂之教授在接受采访时曾指出："中国的大学毕业生虽然拥有优秀的学业成绩，但缺乏合作精神，待人接物缺少文明礼貌。"

虽然这只反映了大学生个人素质的一个组成部分，但是当代大学生的确存在缺乏集体主义精神、公德意识、诚信意识等问题，这是一个普遍现象。一些大学生过于强调个人，以自我为中心，将社会和集体的利益放在个人利益之后；无法客观认识和处理物质和精神关系，只顾眼前利益而忽视远大理想，在市场经济高速发展的今天，很多大学生的人生目标就是获得金钱和权力，重物质而轻精神，缺乏社会责任感，甚至陷入极端个人主义的泥潭；无法正确看待和处理索取与奉献的关系，只会一味地索取却不奉献，没有形成正确的贡献和索取观念。一些大学生的价值观出现扭曲现象，这主要表现为急功近利、敬业意识薄弱、理想追求功利化等。

一些大学生则思想消极，不愿意为了集体奉献，没有将个人利益和集体利益结合在一起，缺乏对事业的献身精神。还有一些大学生缺乏诚信意识，没有意识到诚信的重要性，如一些大学生会考试作弊、抄袭论文等，甚至会谎报特困生申请补助、拖欠银行助学贷款等。而其中最严重的问题在于，很多大学生并没有意识到这些问题会对其个人发展产生消极影响，认为这些思想观念和行为方式都在正常范畴内，意识不到这些现象严重阻碍了他们的健康成长。

二、中华优秀传统文化在大学生德育中缺失的成因分析

（一）传统文化与现代文化之间存在冲突

1.不良文化与优秀传统文化的冲突

当代大学生在全球化、信息化背景下成长和发展，他们面临的是多元化的社会意识形态，这就导致他们个性张扬，世界观、价值观日趋多元化，徒增他们的反叛与对抗，同时，因为大学生的情感发育并未成熟，所以极易受到周围环境的影响，有些大学生人格畸变甚至走上犯罪的道路，一些社会不良文化对大学生造成了严重的不良影响，应该予以重视。当前，"黄色""灰色""黑色"不良文化已经成为荼毒青少年的"三色污染"，给青少年的身心健康造成了严重损害。其中，"黄色"不良文化是指文化市场上那些低级、庸俗的产品，这些产品可以满足青少年感官刺激的需求，但是会对他们的身心健康造成危害；"灰色"不良文化是指那些社会腐败风气以及一些社会潜规则，在潜移默化中侵害青少年的思想意识；"黑色"不良文化主要是指黑社会的"哥们义气"等文化，是提倡无视道德和法律，有福同享、有难同当的浅薄风气。随着电视、电影、网络媒体等行业的发展，经常会出现美化暴力、色情、赌博等不良文化的情况，而大学生正处于逐渐走向成熟的阶段，对外界的抵御能力较弱，这就导致他们很可能受到这些风气的影响，从而影

响他们树立正确的世界观、人生观、价值观，影响他们的健康成长。

随着市场经济大发展，由于我国存在一定制度缺陷，导致我国教育发展没有良好的制度环境，也就阻碍了我国教育的发展。在缺少良好制度环境的背景下，我国教育过于功利化、短期化，这十分不利于我们在大学生中开展中华优秀传统文化教育。此外，随着信息时代的到来，各种外来文化可以通过网络进入我国对大学生产生影响，西方资本主义宣扬的自由主义、享乐主义、个人主义等严重影响了我国大学生的价值观塑造，同时社会中还存在一些贪污腐败等道德失范行为，这些都对大学生的思想造成冲击，对他们的成长和发展造成了消极影响，严重阻碍他们形成正确的世界观、人生观和价值观。在大学生的成长过程中已经初步形成了良好的道德品质和健康的兴趣爱好，但是在这些社会不良文化的长期影响下，这些已经形成的品德会受到侵蚀，价值取向也会出现错位。尤其是微博、微信、论坛平台等新媒体平台的快速发展，为不良文化的传播提供了新平台，在我国当前网络监管仍存在问题的背景下，大学生在利用网络平台时就会接收到这些不良文化，从而对他们的精神生活造成严重的负面影响。这种虚拟的公共空间简单、迎合并满足了未成年人现实中自我实现的需要，但一些不良文化也借此渗入他们的思想道德意识之中，对于思想道德抵抗力低的未成年人毒害极大。

2.西方文化与优秀传统文化的冲突

随着改革开放的推进，我国参与全球化的程度不断加深，但我国的国际接轨更多地表现在经济接轨上，在文化方面则是一种单向的接轨，也就是说我国接受的文化输入多，而文化输出少。随着全球化进程推进，人们的思想观念和行为方式发生了巨大变化。在复杂多变的国内外形势下，大学生身边充斥着各种思想观念、价值取向和生活方式，其中不乏一些腐朽落后、不积极、不健康的内容，这些内容对大学生的健康成长产生了消极影响。20世纪90年代以来，西方强国为了在多元世界格局中稳固自身地位，利用自身在经济、文化、军事等方面的力量优势，大力推动"文化霸权主义"，试图通过这种在世界范围内传播资本主义价值观念、生活方式、社会制度的方法稳固自身地位，从而获取更多利益。例如，西方资本主义国家会利用商品消费作为载体进行文化渗透，试图通过这种方式让其他国家的人民接受、认同资本

第三章　中华文化认同视野下高校大学生德育教育的科学运用

主义文化，潜移默化地影响人们的思想观念和行为方式。

西方文化输入对大学生产生潜移默化的影响，如麦当劳、可口可乐、美国大片、苹果系列等西方标识的物质产品及文化产品，已经成为大多数大学生的追捧对象，而中国传统文化的节日、民俗等则被视为落后的、可笑的。更为甚者，这些大学生的价值观、思维方式等已基本趋同西方化。随着全球化进程不断加深，各国各民族的文化交流越来越频繁，也产生了越来越多的文化冲突。而在全球文化交流的过程中，通常强势经济体的文化会成为强势文化，强势经济体会利用自身在经济、科技、军事等方面的优势在世界范围内传播自身的文化，渗入其他民族和国家，吞噬其他民族和国家的种民族文化和地域文化。西方资本主义国家所谓的"和平演变"，实际上就是通过文化渗透的方式转变其他国家人民的文化观念和生活方式，从而实现"不战而屈人之兵"的目的。

在20世纪初，我国有10名教授联名发表了《中国本位的文化建设宣扬》，其中就提出，从文化领域中看，世界中并没有中国的位置，而中国的领土里面也几乎没有真正意义上的中国人了。这实际上讲的就是本国民族文化的衰败和外国文化的入侵。民族独立同时包括经济独立、政治独立和文化独立，因此我们必须加强大学生传统文化教育，通过这种方式保持大学生的文化主体意识，树立文化自觉和文化自信，逐渐摆脱"民族虚无主义"心理，使当代大学生在处理中华优秀传统文化方面远离"边缘化"。

优秀传统文化融入大学生德育，不仅会受到以上不良文化的影响，在教育教学实践中也会出现各种问题。例如，需要进一步加强对中华优秀传统文化教育的重视，中华优秀传统文化教育的内容缺乏系统性、整体性，仍然存在重视知识灌输、轻视精神内涵阐释的情况，缺乏完善的课程体系和教材体系，没有形成全社会共同参与的教育合力等。而想要切实有效地解决这些问题，就必须进一步完善大学生中华优秀传统文化教育。

（二）融入工作的体系化水平有待提高

当前我国很多高校已经在德育的过程中加强了优秀传统文化的内容建设，但是在具体教学实践中存在一个显著问题，就是没有将中国优秀传统文化教育联系大学生的生活实际，这就导致无法在大学生的日常实践中提升他们的基本素养。当前优秀传统文化融入德育存在方法和途径的错误，导致了优秀传统文化和大学生生活实际的分离，也就严重影响了优秀传统文化的融入效果。也就是说，就当前的大学生德育来说，优秀传统文化只是会涉及的一项内容而已，但是并没有真正融入大学生的日常生活。

第一，当前的优秀传统文化教育重视课堂教育，却忽略课堂以外的教育途径。也就是说，当前的大学生优秀传统文化教育重视在课堂上传授各种理论知识，但是很少有在课堂教育以外的途径发挥作用，这就导致了优秀传统文化驾驭与大学生生活实际的分离，形成了"课上"教育与"课下"教育分离的现象，这种单一教育模式很难对大学生产生持续影响。实际上，应该加强优秀传统文化的"课下"教育，在大学生的生活中融入教育内容，实现潜移默化的文化熏陶，从而有效提升融入教育的实效性。

第二，重视理论教育而忽视实践教育。当前很多德育者仍然单纯地依靠理论教育，没有意识到实践教育的重要性，这就导致教育缺乏层次性，从而严重影响了优秀传统文化融入大学生德育的效果，无法发挥实践育人的重要作用。这就要求德育者应该意识到在实践层面进行德育的作用，在实践中让大学生意识到优秀传统文化的重要作用，引导他们在实践中运用相关知识解决实际问题，以此实现德育入脑入心。

第三，"说教式"教育方式无法使优秀传统文化教育取得良好效果。中华优秀传统文化随着我国历史发展而产生和发展，在现代社会传承和发展优秀历史文化一定要结合当前的历史背景和社会环境，并根据这些条件选择恰当的教育方式，只有这样才能充分发挥优秀传统文化的教育功能。

第三节　中华文化认同视野下高校大学生德育教育的实现方法

一、构建融入理论体系，更好地实现立德树人

在融入的整个过程中都需要科学的理论体系支撑，好的思想引领着好的时代走向，好的理论体系引导着更好的融入工作开展。高校在推动融入建设中，要充分从政治引领、爱国情怀和价值引导三个方面助推融入理论体系的建设与完善，为融入工作提供坚实的理论、思想基础，坚定融入工作者的信心，以这种更深刻的方式潜移默化地增强大学生对理论的认同，引领新时代大学生的思想健康发展的方向，真正实现立德树人的根本任务。

在政治引领上，融入理论体系建设要始终坚持以马克思主义为指导思想，把习近平新时代中国特色社会主义思想落实到高校德育工作中。高校要积极拓展和创新融入理论体系内容，运用当地的中华优秀传统文化教育资源，开展符合时代和学生发展规律的校本课程，落实党和国家关于继承与创新中华优秀传统文化的具体要求。中华优秀传统文化是中华民族五千多年来一脉相承的精神品质，历史和现实都表明，这种精神品质可以与马克思主义有机地结合，所以在融入理论体系建设中，增加中华优秀传统文化的教育内容，推动大学生德育理论的发展，实现建设文化强国的社会主义现代化目标。

在爱国情怀上，融入理论体系建设要以《新时代爱国主义教育实施纲要》为依托，积极培养大学生的爱国情怀与强国意识。爱国情怀是一个民族最深沉、最持久的力量，在中华文明的历史长河中也涌现出了许多歌颂爱国情怀的作品，如王昌龄的《从军行七首》、陆游的《示儿》等，中国共产党更是其最坚定的传承者和践行者。在融入理论体系建设和完善过程中，要有效利用中华优秀传统文化里丰富的爱国情怀资源，让教师和大学生都看到融

入与实现中国梦之间的紧密联系,不仅要让教师和大学生知道中华优秀传统文化、认识中华优秀传统文化,更要针对不同地区、不同年龄的教师和大学生开展多种形式的传承中华优秀传统文化与爱国主义教育相结合的实践活动,不仅要在教师队伍中形成凝聚强大的教育合力,也要保证新时代的教师和大学生心往一处想、智往一处谋和劲往一处使。

在价值引导上,融入理论体系建设必须以社会主义核心价值观为指导,使大学生在道德观念上实现高度统一。社会主义核心价值观是在历经千百年传承的中华优秀传统文化里总结出来的,背后凝聚了无数人的心血和智慧,是中华民族在生活习惯、道德品行和民风民俗等方面区别于世界其他民族的关键要素,从三个层面彰显了社会主义意识形态的本质要求。融入理论体系建设要继续加强中华优秀传统文化的涵养作用,要积极运用和善于利用关于中华优秀传统文化的典故、现实个例,结合多元化的新时代先进人物进高校活动等,实现"以小见大"的教育效果,在融入过程中加强对大学生的价值引导,以志气、骨气和底气坚定其品格,以期实现自我的人生价值。

二、发挥家庭作用,深化家风文化的精神内核

家庭作为人生的第一个教育场所,对个人的道德品质和行为产生着重要的影响,良好的家庭教育和融洽的家庭氛围离不开优秀家风的引导。德育是教育体系的重要组成部分,对大学生的思想觉悟和行为习惯具有重要的影响,优秀家风对学校德育具有补充和助力的作用,是教育工作中不可或缺的一部分。近年来广大学者从多角度、多领域对优秀家风展开研究,深化了优秀家风文化的精神内核。本书将优秀家风和大学生德育相结合,探讨优秀家风融入大学生德育的必要性、价值意蕴和实践路径。

(一)优秀家风融入大学生德育的必要性

学校德育是对一定时期社会经济、政治、文化的反映,青年道德品质的养成依赖学校德育,优秀家风作为中华传统文化的一部分,蕴含着丰富的文

第三章　中华文化认同视野下高校大学生德育教育的科学运用

化底蕴和价值理念，可以帮助大学生坚定文化自信，弘扬和传承中华优秀传统文化。

1.坚定大学生文化自信的需要

优秀家风吸收了中国传统家风文化的精华，其内容丰富，表现形式多样。修身方面，蔡邕在《女训》中劝诫子女要注重心灵的美，注重心灵的修养，以美好的善德浇沃心灵，比时时刻刻保持面孔的干净更为重要，外表与内心要保持同步。郑玄在《戒子益恩书》中教育子女立身处世要具备良好的德行，不能固穷而矢志失节，沉迷于享乐放纵之事。要勤勉修德，钻研学业，把追求圣贤之道作为自己的人生追求。齐家方面，司马光在家书中强调为父教子当严，对待孩子不可过于宠溺，要培养孩子形成刚强坚毅的性格；强调为子不忘孝道，为人子者显贵腾达之时，也不可忘记赡养父母的责任，不要疏忽对父母的陪伴和照应；强调为妻当知贤淑，在家庭理财、子女教育方面保持正确的观念与态度。为官方面，张之洞在《诫子书》中教育孩子要立志存高远，以家国为念，锻炼雄健体魄，培养顽强斗志，怀抱精忠精神，成为对国家有用的人。岳飞对儿子寄予厚望，教诲儿子要"精忠报国"，成为热血为民的忠义男儿，为民族的生存、家国大门和千万百姓的幸福而战的英雄男儿。把优秀家风文化融入大学生德育，可以深化大学生对传统家风文化的认知力和理解力，提高大学生对本国文化的保护力和继承性，增强大学生对本国文化的自信心。

2.培育大学生正确价值观的需要

随着社会的快速发展，大学生的价值观越来越受到不良文化的侵蚀，高校教育在核心价值观层面也存在着断层和缺位的问题。许多优良家风在教育子孙后代时贯彻着"忠孝节义""礼义廉耻""仁义礼智信"等价值观，这些核心价值观是家风的核心内容，也是优良家风践行的宗旨。毛泽东家风倡导子女养成勤俭劳动、读书孝亲、清廉亲民的家风。邓小平家风中包括以严治家的家庭观、以实从政的工作观和以稳处事的生活观。董必武红色家风中强调勤奋学习、恪守底线的修身处事之则，保持艰苦朴素作风、构建平等亲属关系的治家之则，培养爱家与爱国相统一、始终以人民为中心的家国情怀。这些优秀家风体现出了生活的内在真谛和人生的真正意义，在奉献和感恩中实现自己的价值观，用以身作则的方式培养子女形成正确的人生观、价值观和道德观。把优秀家风融入大学生德育，可以增加价值观教育的延续性，增强大学生对道德文化的理解，推动大学生形成正确的价值观，身体力行地内化和实践道德精神，促进社会风尚健康发展。

3.提升大学生道德素养的需要

社会的发展进步、国家的安全利益、世界的稳定和谐，是地球成员的共同责任。青年作为推进新时代蓬勃发展的力量之基，需要产生新的价值共识。把优秀家风文化融入大学生德育，有利于大学生树立正确的伦理精神和价值观念。在道德认知上，优秀家风以亲身示范和训诫的方式深化大学生对道德关系和道德规范的认识，引导大学生在日常生活中按照道德原则去行动，以平等谦卑的姿态与世界相处，提升大学生的道德修养。在道德情感上，优秀家风传承关爱父母长辈、尊老敬老的孝道文化，提倡兄友弟恭、父慈子孝的相处模式，使大学生在潜移默化中激发个人的道德情感，加深家庭成员之间的亲情，推进家庭关系持久稳定的发展。在道德意志上，优秀家风通过家训家规等载体，磨炼家庭成员的道德意志，增强他们道德意志的韧性，有助于大学生在面对困难时，能够具备顽强的毅力，在人生关键时刻，能够坚定自己的选择。在道德行为上，优秀家风具有规范约束的作用，使子女在日常生活中养成一定的道德行为习惯，合乎道德规范的要求，有助于引导大学生自觉践行道德规范和道德原则，促进个人道德习惯的养成，提升自身的道德品质。

（二）优秀家风融入大学生德育的价值意蕴

优秀家风在重塑大学生道德观念，指导大学生道德行为规范方面体现出独有的价值意蕴，把优秀家风融入大学生德育，在强化德育目标、优化德育方法、拓展德育内容方面有着重要意义。

1.有助于强化德育目标

对大学生进行道德教育是大学教育的重要环节，高校德育致力于实现立德树人的目标，促进大学生在生活、工作和学习中形成健全的人格和良好的

第三章 中华文化认同视野下高校大学生德育教育的科学运用

道德品质，推动大学生全面发展。优秀家风注重规范家庭成员的言行举止，重视对家庭成员道德素质的培养，在婚姻、生活、工作、社交等方面有着诸多的规范和准则。例如，诸葛亮在《诫子书》中教育儿子要勤学立志，修身养性，"静以修身，俭以养德"，在"澹泊"处自守，在"宁静"处自守，要成为有主见、有理想的道德个体。《朱子家训》主张在家庭关系中，要孝敬父母，这是万善之源；要夫妻和睦，这是家庭美满之源；要敬长尊贤，这是个人成长之需。司马光教导子女交友时，要与君子为伍，远离小人，与人相处时以诚相待。宋元家训教导子女为官应公正，办案要缜密周全，从政要清正廉洁。这些优秀的家风文化是家族的魂魄所在，是家庭中不可或缺的精神财富，对家庭成员的道德规范发挥着重要的作用。将优秀家风与大学生德育相结合，有助于强化德育目标，增强大学生的道德教育。

2.有助于优化德育方法

采用良好的德育方法对大学生进行道德教育，有助于培养大学生的道德品质，在大学生德育中融入优秀家风，可以优化德育方法，发挥德育的最大效能。一是优化"有教无类"的德育方法。优秀家风指导我们面对世界不同地区的求学者应持有尊重包容的教育态度，不分国界种族和阶层等级。教育者具备"仁"的育人思想和关爱他人的教育情怀，在现实生活中以真正的优化"有教无类"的德育思想去实施教学活动，促进教育平等，解决教育失衡等问题，推动社会长效发展。二是优化"长善救失"的德育方法。优秀家风启示教育者在选拔培养人才方面要取长补短，根据本国国情推动德育发展；启示教育者在教学过程中发挥主导作用，带领大学生勤奋学习，鼓励学生在学习文化、积累知识的过程中善于发现自身的长处和不足，校正自身的缺点。启示大学生要加强跨文化交流和互动，提高对外文化交流的深度和广度。

3.有助于拓展德育内容

优秀家风内容丰富，在修身律己、为人处世、治家教子、为官从政方面有着不同的要求和规范。以提升家庭成员的品行修养、形成和睦的家庭关系、营造温馨的家庭氛围为目标，致力于推动和谐社会的发展。将优秀家风融合到大学生的道德教育中，为现在的道德教育添加新的内容。实施读书治学教育，如山西灵石何氏家族的三姐妹，读书治学氛围浓厚，成为闻名的科举旺族。其读书治学的理念可以改善大学生读书功力差、忽视学习的现状，以转变唯利是图、混日子拿文凭的读书目的。实施理想信念教育，如运城闻喜的裴氏家族，以治国平天下为念，有助于大学生在个人抱负中融入家国情怀，以担当国事为荣。实施爱国诚信教育，如晋商乔家，能够富甲一方200多年，得益于以"信"经商，以"诚"为重，有助于大学生在人际交往中重情重义，以诚相待。实施孝贤教育，如万荣李家，主张"敬祖先、孝父母"的家训家教，强调孝顺父母是天经地义的事情，有利于大学生在家庭关系中和兄弟亲邻中，营造相亲相爱的家庭氛围。

（三）优秀家风融入大学生德育的实践路径

学校德育是育人育才的重要抓手，优秀家风对学校德育发挥着引领作用，通过创新德育教学理念，开展德育实践活动，挖掘德育优秀资源等实践路径，把优秀家风融入大学生德育，实现学校德育立德树人的目标和任务。

1.创新德育教学模式

把优秀家风融入大学德育，需要创新德育教学模式，把优秀家风思想贯穿于德育教学的方方面面。在教学工作理念上，屹立于优秀家风的文化根基，培养具有远大理想的新型高素质人才。教育者在教学过程中把课本教材与优秀家风文化相结合，有意识地把优秀家风中的思想传授给学生，使受教育者在潜移默化中把优秀家风倡导的道德理念和道德规范真正地融入自己的脑中和心中，积极地去付诸实践。在教学话语体系上，学习解读家训家规文本中所蕴含的道德伦理话语，把相关的道德伦理话语转化为日常教学中的制度伦理等学术话语。把优秀家风文化中的宏观理论和现实生活相结合，转化为通俗易懂的生活话语。把优秀家风中所蕴含的家国情怀融入大学生德育过程中，转化为引导大学生关怀天下的情感话语。在教学工作模式上，学校教育要与家庭教育相结合，发挥家庭教育的影响力，高校老师积极与家长沟通交流，储备更多的教学资源和人力资本。加强大学生与家长、老师的沟通，

第三章　中华文化认同视野下高校大学生德育教育的科学运用

促进大学生的健康发展。

2.开展德育实践活动

习近平总书记指出："所有知识要转化为能力都必须躬身实践。要坚持知行合一，注重在实践中学真知、悟真谛，加强磨炼、增长本领。"把优秀家风融入大学德育，需要开展德育实践活动。在实践过程中，深化大学生对优秀家风的价值共识。习近平总书记说："高校哲学社会科学有重要的育人功能，要面向全体学生，帮助学生形成正确的世界观、人生观、价值观，提高道德修养和精神境界，养成科学思维习惯，促进身心和人格健康发展。"一是进行科研教育活动。高校教师要鼓励大学生参加与优秀家风相关的课题研究活动，指导他们组建自己的科研团队；培养大学生的科研素质，增强他们的科研能力。二是进行社会实践活动。带领大学生参观家风文化馆，家族祠堂和宗庙，了解不同地区形成的家风文化，学习优秀人物的家训家规，在修身、齐家、交友方面增强自身的道德品质；利用国家公祭日、安全日、革命纪念地、烈士陵园等给大学生讲述革命先辈为维护和平做出的英雄事迹，学习老一辈革命家家国一体的革命情怀和为国奋斗不怕牺牲的爱国主义精神。

3.挖掘德育优秀资源

把优秀家风融入大学德育，需要挖掘德育优秀资源，利用有效资源以生动形象的形式展现优秀家风文化，激发大学生的兴趣。一是挖掘网络优秀资源。利用新媒体的实效性和针对性，打造网络教育平台，结合"线上教育"和"线下教育"的方式，优化网络上对于优秀家风文化的内容供给；利用微博、微信等新媒体积极传播优秀家风文化的相关文章报道和视频图片；鼓励大学生在微访谈、微直播等活动平台分享自己对优秀家风文化的理解。激发大学生网络学习的积极性和主动性。二是挖掘校园优秀资源。在校内举办相关展览活动，利用建筑物墙面和楼梯间设计相关模块，运用花草区插入相关标语牌，利用宣传栏、阅读栏书写相关专题，在教室悬挂相关横幅，设计相关黑板报，让大学生在不知不觉中了解其相关理念。在校训校纪中融入不搞特权、平等尊重等理念，打造优良校风；在教师群体中融入其廉洁奉公、包容相待等理念，增强他们的专业素养，提升他们的职业道德，打造优良教风；在学生群体中融入其团结互助、共同成长等理念，引导学生加强学习交流沟通，打造优良学风。

三、加强自主发展，自觉学习中华优秀传统文化

　　核心素养的第二个层面是自主发展，大学生要学会学习和健康的生活，让自己的人生有一个清晰的目标，并在现在和未来的学习和生活中主动朝着这个目标方向不断努力和奋进，以获得更好的人生发展。想要发挥学生主体性作用就要加大对学生的认知规律的研究，而德育理论与实践重要的研究问题就是主体、客体及其二者之间的关系，并由此延伸出了单主体说、双主体说和多主体说等观点，但德育主体和客体之间是主客二分和主客合一的辩证关系，是主客同构、共处一体的辩证关系，不能片面看待，所以在融入过程中，高校要通过校园建设、校风建设等，积极引导大学生不断强化学习和传承中华优秀传统文化的自我意识，让大学生在整个融入过程中充分发挥主观能动性，为融入注入活力的同时，也为大学生德育提供动力。

　　自我意识是大学生彰显自己独立、自觉的重要组成部分，当他们步入大学校园的那一刻，就意味着他们将进一步形成自己的独立性和自主性，而一旦这种自我意识缺失，大学生便不是在学习和生活中的真正主宰者，也已经不满足高等教育对于大学生的要求。因此，在融入过程中，大学生要在对自己道德修养和精神品质等有清醒的认知的基础上，认真研学融入的主要内容，主动提高自身的道德修养，真正习得中华优秀传统文化，锻炼自主应对和解决现实社会生活中遇到的难题的能力。而德育理论课教师也要在融入过程中，以当代大学生实际的关心方向和现实需要为主，在教学中尽量做到多一些情理、少一点灌输，以实际行动尊重和激励大学生；在整个教育过程中，德育理论课教师也要时刻主动与大学生进行交流，不断迸发出主导和主体的双向力量，促进大学生在思想上多一些创新、少一点框框，提高大学生参与融入的自觉性。

　　主观能动性是主观意识在客观世界中的积极作用，大学生在融入过程中不仅要以实现人生的价值追求为目标，更要把主体的积极性和精神力量结合

起来，充分发挥自身学习中华优秀传统文化的主观能动性，在融入过程中认真学习和领悟中华优秀传统文化的精髓，充分认识自我、发现自我价值和发掘自我潜力，并积极加强对于融入内容的内化，形成自身正确的、符合社会发展要求的中华优秀传统文化知识结构。高校也要努力为大学生搭建可以充分锻炼自我教育的平台，积极开展多元化、多形式的融入活动，不要局限于一间小小的教室，要把融入扩展到图书馆、寝室、食堂和操场等每一个校园的角落，引导大学生在耳濡目染的环境影响下发挥主观能动性，不断积极参与融入、创新融入和实现融入，真正在整个过程中了解和掌握中华优秀传统文化的内涵和价值。

第四节　高校大学生德育教育中中华优秀传统文化隐性教育功能的彰显

一、在大众传媒中加强优秀传统文化的舆论导向功能

我国大众传媒业不断地得到发展，数量急剧增多，规模不断扩大，其在社会引导中的作用也不断增强，大众传统成为社会舆论的中心位置，充分显示出大众传媒在舆论中的导向功能。同时，制造和引导舆论也是大众传媒的基本功能，通过舆论导向引导，加强优秀传统文化的传播与发展，进而发挥出优秀传统文化的引领功能。

（一）发挥优秀传统文化的引领功能

1.发挥优秀传统文化在传统媒体中的引领作用

第一次科技革命给人们带来了蒸汽机，第二次科技革命给人们带来了电力，第三次科技革命给人们带来了网络。网络的发展对于传媒行业来说可以说是开天辟地的改变，也使得传媒方式中出现了泾渭分明的两大派别——传统媒体与网络媒体。所以说，传统媒体是相对于网络媒体的其他媒体，是一个相对的定义。而当今社会现存的传统媒体则主要分三大主力——广播、电视、报纸与书籍。庞大的信息资源，飞快的更新速度，缔造了近年来网络迅猛发展的奇迹，但在网络的冲击波下，传统媒体仍然保留着一席之地，这就不得不归功于传统媒体给人们带来的权威性与严谨性。为什么人们会有这样一种观感：传统媒体比新媒体更加严谨呢？优秀传统文化在其中居功至伟。

传统媒体与传统文化，这两个名词中都带有"传统"一词。"传"意指世代相传，岁月是一条永不止息的河，在文化的河床上冲刷，所有流于表面的都被冲掉，能够留下来的，虽不能全盘肯定，但必定有一定的合理性。"统"意为正统、主流，即为大众所接受的。所以，能够成为传统的文化必定都经过岁月与主流观念的双重过滤，自然有一定的权威性与严谨性。传统的都是既有的，在新媒体出现之前，传统文化与传统媒体就已经"配合默契"了。他们就好像豆浆油条，是人们默认的搭档。你想读一本《诗经》，必然会想到去买一本包装得古色古香的线装版；想要听一段评书，必然会打开收音机；想要看早间新闻，必然会打开电视。所以说，传统文化的主要传播途径就是传统媒体，传统媒体所宣传的主要内容就是传统文化。传统媒体与传统文化一起被打上了权威性、严谨性的标签，这正是传统媒体的优势所在。传统媒体要想长期发展，必不能丢失传统文化特别是优秀传统文化这一主力，所以在很长的一段时间里，优秀传统文化都将引导传统媒体的发展。

2.发挥优秀传统文化在新媒体中的引领作用

由于网络信息量大、时效性强，因此受到人们的青睐。但是不可否认的是，网络信息的内容不够严谨，炒作成分多是新媒体逊色于传统媒体的一大短板。过了开始兴起时的新奇，人们对网络的信息轰炸又能保持多长时间的

第三章 中华文化认同视野下高校大学生德育教育的科学运用

热衷呢？5G网络时代，注定会发展成为一个"内容为王"的时代。传统文化作为从古至今发展起来的文化，相较于西方传入的文化有更高的熟识度，人们也更容易在传统文化身上找到归属感和认同感。2014年8月8日《秦时明月》上映当天，以1300万元票房名列当日票房冠军。霍尊一曲《卷珠帘》将流行与戏曲腔调结合，瞬时也迎来了一大批年轻人的追捧。由此可见，带有传统文化色彩的事物借助网络这种传播手段，很容易被人们接受。有人说传统文化都是一些老事物、老思想，可是正因为自古以来都是这样，传统文化才在人们的生产生活中起着潜移默化的作用，影响着人们的世界观、人生观、价值观。那么带有传统文化色彩的这些文化成果能够很快被人们接受，也就不足为奇了。

除了容易被人们接受、辨识度高，内容丰富也是新媒体应该注重传统文化的重要理由。中国有五千年的历史，五千年以来先辈们在华夏大地上演的悲欢离合都有迹可循，仅就文化底蕴这一点，就是很多国家所远远不及的，所以我们有大量的素材可以翻拍，大量的故事可以回味，丰富的历史可以借鉴。而且，创造出来的文化产品大都具有中国特色，辨识度高，所以传播传统文化必将成为网络媒体发展的大方向。同时，即时通信软件与社交网络的兴起赋予了新媒体在传统文化中与生俱来的优势。社交软件的兴起使人们更加习惯于交互式的信息传播方式，在web2.0时代，每个人都可以借助社交软件畅所欲言。人们从"旁观者"转变成为"当事人"，人们沉迷于这种信息交流方式，同时也打造出了新的文化传播形式——自媒体。

传统文化具有权威性，这一点与自媒体的平民化格格不入。所以，传统文化与自媒体融合度差似乎是理所当然的事，但是凡传统文化大都是被人们接受的，或者是被人们接受过的主流文化。那么传统文化为什么在自媒体中传播受限呢？自媒体源于西方发达国家，由于技术上的先进性导致其成为强势媒介。人们会在朋友圈晒情人节收到的玫瑰，但很少晒七夕节做的巧果，所以传统文化在自媒体中碰壁，并不是传统文化本身的内容有问题，而是受传播渠道的限制。在人们的潜意识中传统文化似乎是不通过自媒体传播的。其实，自媒体是传统文化传播的一个突破，利用平民化、交互式的文化传播方式，必将使传统文化焕发出新的生机。

（二）规范优秀传统文化的传播渠道

1.规范大众传媒的价值取向

当今社会，大众传媒行业里的文化环境，无疑是所有行业中最开放的文化环境，这个行业践行的是一种多元的价值取向。如果说高校教育对于一个人的影响侧重于知识系统的建构，家庭教育侧重于行为规范的建构，那么大众传媒对人的影响无疑偏向于价值观的建构。人们对更好的物质文化生活的期盼是合理的追求。但在享乐主义的影响下，传统文化似乎正向娱乐化的方向发展。所以，引导大众传媒的价值取向，对向大众传播优秀传统文化具有重要意义。

大众传媒最应该做的就是在社会主义核心价值观的引导下，加强自身媒介素养，坚守媒介应有的文化操守，为大家提供一个解读传统文化的平台。我们常说对待传统文化的态度要"取其精华，去其糟粕"。大众传媒作为引领社会文化主流的行业，一举一动都暴露在聚光灯下，所以必须规范自己的价值取向，提升自身的素质，以辩证的眼光看待世界，看待传统文化。对传统文化进行批判、继承和发展，将传统文化中的精髓展示给人们，弘扬传统文化。从大方向上看，传统文化以儒家思想为主导，推崇"仁爱""修齐治平"，但是又有其封建色彩的局限性。传媒人要做的就是将其中注重君臣伦理纲常的思想剔除掉，将注重人格、伦理、奉献、和谐以及自强、坚韧、奋斗的精神发扬光大，以大家喜闻乐见的形式鼓励大家追求幸福生活，构建和谐社会。

2.区分传统文化传播的通俗化与庸俗化

既然大众传媒传播信息的对象是广大人民群众，所以其最大的特色就是平民化，其传播的内容大都不是"阳春白雪"，而是"下里巴人"，而传统文化要想走进大众也必须要走大众传媒的路子，不可避免地要对传统文化进行加工，使其变得通俗易懂。比如说，当下热销书籍《明朝那些事儿》就将历史进行了成功的包装，对历史进行了通俗易懂的解读。但是值得注意的是，通俗化并不代表庸俗化。当前文化产业市场上就存在着很多将优秀传统文化庸俗化的现象，如"学而优则仕"，这句话中"优"是通假字"悠"，意为有余力。此句话的意思是，学习之余还有余力或者闲暇，就去做官，报效祖国。而很多人误读为学习好了就可以做大官、当公务员，从而使学习的目的发生扭曲。所以，我们在利用大众传媒对传统文化进行包装的时候必须掌握好度，过犹不及。怎样掌握好这个度呢？这就要求我们对传统文化进行正确的解读，用正确的价值观去衡量、提炼其中的精髓部分，将传统文化最优秀的一面展示给大家。

二、实现优秀传统文化与网络文化的双赢

（一）置身网络平台，融合传统文化

中华民族历史源远流长，是唯一没有文明断层的文明古国。千百年来，传统文化薪火相传，越来越受世界各地人民的喜爱。

随着网络技术的进一步发展，大众逐渐成为网络传播的主体，不同地域及文化背景的传播群体可以利用网络进行大规模的有关传统文化的信息交流，而侧重点各有不同的大陆及港澳台中华传统文化也有希望通过互联网得以融合。只有将中国传统文化进行系统的整合，才能发挥中国传统文化对中华民族的凝聚力和向心力，才能有助于中华民族的生存和繁衍，才能推动中国社会的发展，实现民族的团结和国家的统一。

（二）关注网络气象，复兴伟大文明

文化是科技进步的保障，也是社会和谐的基石，现代社会如果离开了对传统文化的传承和信仰，整个社会就会迷失方向、失去力量。一百多年现代化的过程，也是传统文化反复断裂和复兴的过程。中国的传统文化经过千百年，虽历经沧桑却经久不衰，但随着现代社会的不断发展，曾经深受各族人民顶礼膜拜的中华民族精神，却在悄无声息中离开了人民的视角，曾经深受祖国人民信仰的中国传统文化，却被当代人怀疑，甚至一点点被抛弃。当下，提高对传统文化复兴的重视显得尤为重要。网络媒体可以凭借其迅捷性

借助互联网这个信息传播平台，在国内广泛地弘扬传统文化，从绵延千年的中国传统文化中汲取养分，进一步加强道德建设，构建和谐社会，营造良好的社会风尚。

第四章 中华文化认同视野下高校大学生德育教育的内容

中华优秀传统文化的本质是德文化，以德育人是中华优秀传统文化教育的特质，高校德育在学科建设中推进中华优秀传统文化教育，首先要以"立德树人"为导向，要注重中华优秀传统文化知识学习的系统性和完整性，更要突出本学科的思想教育性。本章就来分析中华文化认同视下高校大学生德育教育的内容。

第一节 高校大学生德育教育中儒家思想的渗透

一、儒家思想的精髓

（一）天人合一

"天人合一"是儒家思想的基本内容之一，其主要思想内容有以下几个方面。

第一，孔子的"天命"观。孔子认为天是一种能够主宰世界的客观力量，它自然地存在着。所以，作为人应该"知天命"，进而"畏天命"，主张人应该认识自然社会规律，顺应规律。那时的儒家思想虽然包含了有关天人关系的内容，确定了"天"对人的主宰理念，但是还没有清晰的"天人合一"思想。

第二，孟子的心性论。孟子认为人的心的功能是能够思维，性作为人的本质是指人天赋而来的恻隐、羞恶、辞让、是非之心。所以，尽心即可知性，知性就能知天。人只要保存本心，涵养善性，就可以与天道相通融为一体了，从而为实现"天人合一"寻找了一条具体的途径。

第三，董仲舒的"天人感应"说。董仲舒将阴阳五行学说引入儒学，他把天人格化、神秘化了，天成了有目的、有意志、有情感、有道德属性的最高主宰，具有神的灵性和威力，人的各种等级差别和社会关系都是天意，都是上天已经安排好了的，人是不能够违抗的。这种学说明显地具有维护统治秩序的作用，在文化上不能不说是一种倒退。

第四，宋明的"天人一道"说。宋明两代儒家发扬光大了孟子的心性论，其理学体系中的"理"主要就是指天道、心性。北宋的张载最早明确提出了"天人合一"这一命题。明代的王阳明则在《传习录》中进一步指出："心即理也。此心无私欲之蔽，即是天理，不须外面添加一分。以此纯乎天理之心，发之事父便是孝，发之事君便是忠，发之交友治民，便是信与仁。"在他们看来，人只要把自己内心的天赋之性发扬出来，就能与天道合而为一了。

（二）仁爱思想

在孔子的思想体系中，"仁爱"思想居于核心地位，孔子认为，人之所以为人，是因为人具有仁爱之心，这也是人区别于动物的根本，孔子不仅是仁爱思想的主张者，更是仁爱思想的积极践行者。孔子认为人只要能够做到"恭、宽、信、敏、惠"这五点，那么他就可以成为仁人。在集中体现孔子思想的两万多字的《论语》中，"仁"字出现的频率非常高，可见其在孔子

第四章　中华文化认同视野下高校大学生德育教育的内容

思想体系中的重要地位。那么，对于我们现代人来说，应如何理解仁爱，这就需要我们深刻理解孔子"仁爱"思想的丰富内涵。

1. 爱人

在孔子的思想体系中，仁爱不仅要爱自己、爱自己的亲人，同时还要爱一切的人和物，即孔子所谓的"爱亲"和"爱众"，"爱亲"是从家族角度讲的，"爱众"则是从社会角度讲的。

（1）爱亲。这是爱人的前提和基础，爱亲就是爱自己的亲人。从"仁"的结构来看，即二人成仁，仁爱中的"仁"从来不是一个自我状态，这种状态下是达不到仁爱的。孔子讲，"仁者，亲亲为大"，意思就是说，"仁爱"这一品德是我们每个人本身所具有的，其中爱自己的亲人是最基本、最根本的。

（2）爱众。"子曰：弟子入则者孝，出则悌，谨而信，泛爱众而为仁"。意思就是说，爱人不能只爱自己的亲人和朋友，应该把爱人的范围扩大，不仅要爱自己的亲人，爱自己的朋友，还要爱周围一切的人，实现从"爱亲"到"泛爱众"。伟大的思想家孟子也提出了"老吾老以及人之老，幼吾幼以及人之幼"的思想主张。

2. 忠恕之道

"忠""恕"都是推己及人的施仁办法，忠厚、宽恕是仁的基本精神。做人、做事要宽容大度，在与人相处时，宽以待人，"人非圣贤，孰能无过"要善于接受别人的过错和不完美，不要苛求他人。在人与人的相处过程中，由于生活习惯、人生阅历、道德水平、成长经历等不同，对同一事物会产生不同甚至截然相反的看法，在这一情况下，人们很容易产生矛盾或利益冲突。不同的人会有不同的处理方式，智者则会推己及人，尊重别人的看法和主张，做到体谅和宽恕他人；相反，愚蠢的人总是把自己的想法和意志强加给别人，于是难免发生冲突、摩擦。

3. 恭、宽、信、敏、惠

"恭、宽、信、敏、惠"是实行仁爱的基本条件，孔子说"恭则不悔"，意思是说如果不想使自己的生活遭受摩擦、冲突和羞辱，就要发自内心地对别人恭敬。樊迟问仁，子曰："居处恭"，即是平时的生活起居要端庄恭敬，

"恭"不是逢迎、献媚，而是谋求与他人融为一体，孔子之"恭"最重要的是要站在他人的角度。人之为人，在于恭，那种见了富人就摆尾，见了穷人就狂吠的行为是无仁义的。

"宽"即宽宏大量，做一个宽容厚道的人，子曰："躬自厚，而薄责于人，则远怨矣。"意思是说要勤于治事，宽以待人，那么怨愤自会减少。对别人，我们要多一分宽容，甚至是对自己的敌人，不要总是责怪别人；对自己，我们要严于律己，有时也需要对自己有一定的宽容，常言道"人非圣贤，孰能无过"。"得道多助，失道寡助"，这是孟子在治国方面来说明"宽"的影响的。"信"即诚信，"与朋友交，言而有信"诚信是我们待人接物的基本要求。信对"世风日下"的当今社会来说尤其重要，孔子说"信，则人任焉"，只有诚实守信，重信誉，别人才能相信你，进而重用你。"敏"即勤敏。《论语·学而》记载：子曰："君子食无求饱，居无求安；敏于事而慎于言，可谓'好学'也矣。"强调的是要勤敏行事。一方面是说，对于一切责任，一切应做的事都要勤敏，马上去践行，并且提高工作效率；另一方面是说，我们要有一定谦虚的心态，言行要谨慎，不可轻率，否则可能导致我们常人失去朋友，导致国君失去国家，故言论必须谨慎，轻率的言辞带来后患。"惠"即慈惠。孔子的处事之道是"惠则足以使人"。也就是说，你若能施行仁慈，多鼓励多帮助别人，多与别人交心，就能够使唤人。人与人之间要相互尊重，宽厚对待彼此，常怀一颗慈悲之心，做到礼让、谦逊。

4.克己复礼为仁

《论语·颜渊》中记载：颜渊问仁，子曰："克己复礼为仁。"具体的做法就是"非礼勿视，非礼勿听，非礼勿言，非礼勿动"，即不合乎礼仪的不要看，不合乎礼仪的言辞不要去听，不合乎礼仪法的事情不要去践行。这是孔子提出的修养方法，"克己"就是克制、战胜自己，控制自己的私欲，"复礼"不仅仅指按照周礼的规范去约束自己的行为，而泛指天理，也就是事物的运行规律，简而言之，就是要遵循天理，不能违背事物的运行法则。

"克己复礼"包括两个方面："克己"是自身修养层面，"复礼"则是所要达到的目标，孔子希望人们能够通过自身修养自觉地遵守和维护"礼"的规定。

第四章　中华文化认同视野下高校大学生德育教育的内容

（三）民本思想

儒家民本思想的核心内容是把民心向背与国家政权的安危联系起来，认为得民心者得天下，失民心者失天下，这种政治思想对后世影响深远。中国共产党一经产生，就以最广大人民群众的利益为根本，坚持人民至上，坚持全心全意为人民服务，这与我国传统文化中的民本思想影响深远分不开。[①]

中国历史上民本思想的源头可以追溯至周代，周人的敬天保民思想是民本思想的萌芽。到春秋之际，孔子提出富民、教民的主张，反对虐民、害民。同时，孔子把民众看成是决定天下国家命运的重要社会力量。孔子强调民众的信任是立国的基础，是政治修明、社会安定的主要标志。孟子把这一思想发展为"民贵君轻"的民本主义。因此，孟子要求君王要尊重民众的意愿，关心民众的疾苦，对民众要有不忍之心。只有这样，君王才能得到民众的拥护，巩固自己的统治，以至王者天下。荀子也认识到民众的重要性，他把君民关系表述为船和水的关系，这给以后历朝的统治者留下了深刻的印象。后世儒家代表人物如韩愈、黄宗羲等对民本思想都有论述，重民爱民观念始终是儒家思想的一个基本特征。

虽然儒家的民本思想只是比较开明的仁政，是用重民、保民的手段来实现使民、保王的政治目的，从根本上是为了维护统治阶级的专制制度。但是，它确实从理论上提高了民众的地位，肯定了民心向背的关键作用，从而警醒统治者不要忽视民众的力量，对中国封建社会"治世""盛世"的出现起到了促进作用。

（四）中庸之道

"中庸"一词最早见于《论语》，经过《中庸》等著作的发挥，成为儒家尊奉的思维方法、君子人格和至高的道德境界，渗透为普遍的文化心理和社

---

① 黄钊.儒家德育学说论纲[M].武汉：武汉大学出版社，2006.

会心理。所谓中庸，简单地说，就是立身、行事的最佳路径，是成仁成圣应遵循的常理。

第一，中庸首先是一种思维方法。作为一种思维方法，中庸之道特别强调"时中"、权变，依据时空条件变化而随时调整，强调原则性与灵活性的高度统一。

第二，中庸是一种道德准则，一种君子人格。孔子认为中庸是一种难以践履的至高美德，是人格修养的极致。

第三，中庸是一种处世之道。在儒家看来，"择善而固执之"，这是君子立身处世的原则，能否坚持这些原则正是君子与小人的区别所在。在执政方面，以中和为标准，主张礼刑并用、刚柔相济、张弛有度、宽严适中，这也是后世统治者普遍的执政理念。

第四，中庸是一种境界。中庸是一种中正、中平、中和的境界。

总体来说，中庸之道是儒家先哲为实现人与人、人与社会、人与国家之间的和谐而提出的一种道德修养准则规范和处理事物的方式方法。它在协调人际关系、缓解社会矛盾冲突、实现社会稳定发展方面无疑有着重大的积极作用。但是，它也导致了中华民族性格中谨小慎微有余而冒险创新不足等消极特征。

二、儒家思想文化的德育价值

儒家思想是中华民族优秀传统文化的重要组成部分，对当今世界的发展具有重大的借鉴意义，中华文明之所以源远流长，很重要的一个原因就是传统优秀文化的滋养。在经济文化多元的大背景下，多重价值观充溢着人们的头脑，近年来道德滑坡现象时有发生，对大学生的成长不可避免地产生消极影响。"青年兴，则国家兴，青年强，则国家强"，重提儒家的仁爱思想对当今德育养成具有重要指导意义。

（一）强调德育，重视"教化"的作用

儒家文化非常重视教化，相信每个人都可以成为圣人，同时也承认世界上没有天生的圣人，圣人是后天实践的结果。后天的训练一方面取决于自我修养，另一方面取决于教育，二者相互结合，缺一不可。重视教化是儒家的优良传统，这给我们带来了启示，即我们应该高度重视道德教育的作用，把道德教育作为治理国家的重要手段，利用道德的内在约束力来协调和规范社会，促进社会主义道德建设的发展和进步。

在现代社会中，维护社会稳定的基本手段有两种：一种是靠法律刑罚强制的行政手段，另一种是以教育为手段的道德教育。对于法律惩罚，人们出于恐惧而接受它的约束；而对于道德教育，人们以愉快的心情接受它的影响，并自觉地受它的影响。道德教育与法律和行政手段相比具有无可比拟的优势。在现代社会，我们应该重视道德教育的作用，从传统中汲取营养，用高尚的道德风格和规范来教育学生。

（二）注重仁爱、重视孝道

注重仁爱是儒家思想的主要特征。以孝为例，儒家思想认为爱父母是爱的起点，具有伦理的优先地位，所以儒家思想非常重视孝道。父母的养育之恩终身难报，赡养父母是孩子不可推卸的责任和义务，这是孝道的基本要求。此外，孔子还强调"敬"，使父母不仅可以获得物质上的满足，还可以获得精神上的满足，这是人类特有的孝道。时至今日，儒家所倡导的仁孝思想对社会主义道德教育仍有重要的借鉴和启示。这种仁爱思想对于协调现代社会的人际关系，促进人与人、人与自然、人与社会的和谐共处具有重要作用，这也是社会主义核心价值观所追求的目标。把仁爱作为社会主义道德教育的重要组成部分，可以增强集体凝聚力，从而在社会上形成团结互助的社会氛围，这不仅有利于国家的繁荣，也有利于社会的发展和进步。

1.仁爱与博爱教育

儒家德育中的"仁爱"，旨在塑造人的内心世界的完美，从"爱亲"到

"泛爱众"即形成对他者的关怀与仁慈，对世界乃至整个宇宙的理解和博爱。儒家的仁爱教育要求人们在生活中不断去反思，从而领悟生命和道德的真谛。当代的博爱教育，其宗旨和目标是让大学生不断地去反思生活、反思美德，从而树立起对他人乃至世界的博爱意识。

在当代对大学生进行博爱教育已迫在眉睫，因为在环境不断恶化、资源短缺和人口爆炸的今天，大学生要学会与他人分享，与世界和谐相处。具体应该从以下几个方面做起。

首先，要重视家庭教育，父母是孩子的第一任老师，当孩子还是一张白纸的时候，将博爱思想灌输给孩子，是明智可行的。一是让孩子感受到爱的温暖，二是在接受爱的过程中，培养孩子对他人、对社会的爱，帮助孩子建立起"己所不欲勿施于人"的处事原则，树立起博爱的生活态度。

其次，学校教育应当与家庭教育相辅相成，教育学生崇尚博爱，爱好和平。教导学生学会去爱他人，与人分享，以仁爱之心对待亲人、同学、朋友乃至身边的陌生人，让博爱思想在学生心中深深扎根，从而实现人人爱人，人人爱集体，人人爱社会，实现社会和谐发展。

最后，每个人最终都要在讲求竞争和效率的社会中生存，社会环境对大学生的成长至关重要。社会是一个大课堂，什么样的社会造就什么样的人。我们需要营造一个良好的社会环境，让博爱的社会造就一代一代博爱的人。

2.恕道与体谅教育

儒家所讲的"恕道"主要是要求人们宽容大度，能够"推己及人"，儒家文化提出要"泛爱众"，但是要想让受教育者真正爱周围的每个人，每个生物乃至这个不完美的社会和世界并不容易。这就要求践行"忠恕之道"，儒家的这种"忠恕之道"教育无疑与现代的体谅教育有共同的内涵。

当代的体谅教育要求人与人之间有宽容、谅解和关怀，要求受教育者以一个开阔的胸襟去容纳身边的每个人，甚至周围的每个人乃至他们自身存在的不足，与他们建立起很好的人际关系，以致容纳整个不完美的社会，所以说当代体谅教育是对儒家"恕道"精神的传承。

第四章　中华文化认同视野下高校大学生德育教育的内容

3.孝道与感恩教育

"孝道"是儒家文化中一个重要的伦理美德，是世代中华儿女道德形成的基础，而"孝道"在当今社会也是不容忽视的，它是构成思想品德、社会公德、职业道德、个人道德和家庭美德建设的基本元素，是建设和谐社会不可忽视的精神力量和支柱。

当代的感恩教育与儒家的"孝道"教育无疑具有共同的内在本质，学习儒家的"孝道"的目的就是让青少年学会感恩，始终怀有一颗感恩的心，使他们懂得报效祖国、感恩社会，并且回报社会，如何使感恩和孝道深入每个大学生的心中，这是当代教育面临的一大难题，做好感恩与孝道教育是值得每名教育工作者思考的，我认为应从以下方面来做。

其一，作为学校，要大力提倡亲情教育、感恩教育。感恩表达了人们最朴实的情感，是人性的一种流露，也是社会道德规范的基本要求。学校应重视中华传统文化的继承和弘扬，加强对中华优秀传统文化的学习，汲取传统文化的营养，不断提高道德认知，懂得孝敬和感恩父母。真正做到"懂孝道，知感恩"。

其二，作为个体，应真正践行孝道和感恩。懂孝道就是要真正懂得孝，行孝是做儿女应尽的义务。我们不仅仅要懂得孝，更重要的是要去践行。"知感恩"就是真正做到内心深处要感恩。作为一名合格的大学生，应做到孝敬父母、尊敬师长和感恩社会。在每个人的成长道路上，父母的养育之恩、老师的教诲之情一直伴随着我们，滴水之恩当涌泉相报，作为儿女、作为学生就应该知道怎样去回报他们，以此作为自己奋进的动力。

4.诚实与诚信教育

纵观全球范围内的古典理论书中，儒家思想是最讲"诚信"的，在《论语》中多次提到"信"的重要性，从儒家文化来看，"修身、齐家、治国、平天下"最基本的前提就是诚信，也是为人处世的基础条件。儒家人秉承孔子、孟子思想，坚持诚信做事，诚信做人，真正做到了"人而无信，不可知其也"。为什么在古代人们能够自觉遵守诚实诚信的做人原则，相反，在人们自认为更文明、更先进的今天，诚信这个最基本的伦理道德竟然被世人有意无意地抛弃，所以我们应呼唤学习诚信教育，借鉴儒家的诚信之道。我认为应该加强诚信教育，学校要大力加强诚信教育，在教学中应注重学生诚信品质的培养。学校是对一个人一生影响最为深刻的一站，可以说，一个人的道德修养、处世观都在这个地方形成，所以促进诚信教育的重点应在学校，那么具体应如何做呢？我认为，应该从领导、老师和学生入手。作为领导，在安排课程时，不能一味追求升学率而将道德教育缩水，要力求做到学生的全面发展，设法建立诚信校园，定期举办关于诚信的活动，多出关于诚信做人做事的板报。

作为老师，作用更为重要，学高为师，身正为范，作为一名老师，不仅要有扎实的文化知识，还应具备高尚的道德人格，师德师风对同学们的影响非常大，如果老师将诚信这一道德要求时刻践行在日常的教学中，学生也会受到潜移默化的影响。

作为大学生，应该多向道德模范榜样学习，在日常生活中严格要求自己，坚持主流思想的引导，用传统文化的义利观去规范自己，成为一个道德品质高尚的人。

（三）重视"内圣外王"理想人格的塑造

儒家强调"内圣外王"。"内圣外王"思想不仅反映了人们对自我修养和自我完善的追求，也反映了理想的政治追求。

首先，"内圣外王"的理想人格提醒我们要重视个人修养的作用。道德修养的内在动力是个人追求完美的道德需要，自我修养是创造完美人格、追求和实现更高的人生价值。要培养优秀的道德品质，既要依靠道德教育，又要依靠个人道德修养。

其次，"内圣外王"的观念向我们展示了一种自强不息的精神。在现代社会，人们的工作和生活都承受着巨大的压力，这使得人们有时会有消极悲观的情绪。尤其是当代大学生，心理素质欠佳，当面对各种因素时，导致心理问题层出不穷。儒家强调的"内圣外王"展现给我们的自强不息、乐观进取的精神，可以增强我们克服困难的勇气和信心。

（四）强调"自省"和"慎独"

"自省"与"慎独"都是儒家倡导的具有民族特色的修养方法。顾名思义，"自省"要求我们善于自我反思，通过有意识地反思认识自己的缺点和错误。自我反思向我们展示了严格要求自己、宽以待人的精神和品质。"慎独"意味着一个人可以严格要求自己，对自己的想法和行为保持谨慎，不做任何违背道德的事情。这两种修身方法不仅在古代道德实践中发挥了作用，而且对我们今天的社会主义道德建设和道德教育也具有不可估量的实用价值。

强调自省与慎独，实际上是强调道德主体的自我修养意识，二者都是基于高度的道德主体意识，都依赖于自律和自我约束。如果我们能够做到慎独和自我反省，从自己身上找到一切的理由，不责怪他人，那么我们的人际关系就会更加和谐。因此，从这个角度来看，自省与慎独在促进人际关系和谐方面发挥着不可估量的作用。

（五）重义轻利，以义导利的价值观念

儒家主张利益应该以符合道德的适当方式获得，社会整体的巨大利益应该考虑在内，人民的利益应该以道德为标准来解决。一切都应该从道德的角度出发，只要符合正义，即使对自己有害也要去做。这些价值观提醒我们要正确处理国家、集体和个人之间的利益关系，我国是社会主义国家，坚持集体主义，坚持人民利益至上。当国家、集体、个人利益相冲突，应当维护国家和集体的利益，这是实现个人利益的前提和保障。

只有实现国家和集体的利益，个人利益才能不受损害，个人才能获得更大的利益。因此，个人应该维护国家和集体的利益，应该舍小利而取大义。

第二节　高校大学生德育教育中道家思想的承继

一、道家思想的精髓

（一）无为而无不为

老子讲，"道常无为而无不为"[①]，"无为"是道的根本特性，"无不为"是顺应道之自然特性行为处世的必然结果。老子主张无欲、无知，恢复到人原初的自然状态，庄子也认为："知其不可奈何而安之若命，德之至也。"无为是相对于有为而言的。"无为"的确切含义是不胡作非为。道家的"无为"并非无所事事，而是反对违背自然的"人道"，主张顺应自然规律、顺应人性、顺应时势世事，即不争而有，不战而胜，不言而威，由"无为"的途径而实现"无不为"的结果。无为在政治上的体现，就是无为而治。道家把无为视作最高的政治原则，反对统治者劳民扰民，横征暴敛，与民争利。汉初黄老之学是道家"无为而治"理论的积极倡导者和实践者。秦亡汉立，立国者正视天下大乱造成的民生凋敝、百废待兴的社会现实，汉文帝、汉景帝等都把黄老之学无为而治的主张作为治国的指导思想。

（二）反者道之动

"反者道之动"，《老子》中这个充满东方智慧的命题揭示了事物运动发展的规律，体现了道家辩证思维的水平。一方面，静态地看，相反相成、对立统一是事物的存在状态。《老子》揭示了一系列矛盾对立的范畴，如有无、难易、长短、高下、音声、前后、美丑、祸福、刚柔、强弱、损益、兴衰、大小、轻重、智愚、巧拙、生死、胜败、进退、攻守等。庄子也指出，死生

[①] 老子.老子[M].汤漳平，王朝华译注.北京：中华书局，2014.

存亡、穷达富贫、贤与不肖以及毁誉、寒暑、安危、祸福、缓急、聚散、内外等都是对立统一的，矛盾的对立统一是事物存在的普遍形式。另一方面，动态地看，对立面的相互包含是事物运动发展的内在源泉和动力，对立面的相互转化是事物运动发展的方向。老子强调物极必反，认为循环往复，向相反的方向运行和转化，这是道运动的规律，是万物共同的法则。老子用"反者道之动"概括了宇宙万物运动发展的规律，是中国哲学辩证思想的重大成就。道家因此提出了"观复知常""知雄守雌"的矛盾方法论。老子认为，事物的根性是"静"，认识事物就要"致虚极，守静笃"，要从长远出发，以大局为重，防患于未然，反其道而行之，主张以静制动、以柔克刚、以弱胜强，这就是老子的辩证谋略。

（三）乘物以游心

"乘物以游心"是庄子追求的一种人生理想境界，即"无所待"的精神自由境界。"无所待"即无所凭依，不是说肉体不受限制地邀游天地，而是指精神上打破了知性的遮蔽，不再受"成心"的限制，遵循宇宙万物的本性，把握自然规律的变化，邀游于无穷无尽的境域，冲破物质世界形象之拘束与局限，"独与天地精神往来"，是不依赖任何外在条件的心灵自由。在庄子看来，只有无己的圣人、无功的神人、无名的圣人才能达到这种境界。至人、神人、圣人，都是道的化身，是至真、至善、至美合一之境。"乘物以游心"深刻地表达了人类对精神自由的追求与向往。达到心灵自由的路径，是心斋、坐忘。心斋就是心志专一，放下耳目听闻对外物的执着，荡涤掉附着在内心的经验、成见、认知、情感、欲望，进入纯一的本然状态，涵养虚静之气，心怀空明澄澈、包容万事万物的变化与差异。坐忘即超越形体和心知的限制，超脱于利害计较、主客对立、分别妄执等妨碍心灵自由的桎梏，与"道"相合，达到"化"的境界。心斋、坐忘是一个去执法为、无执无着、趋向自然、与道合一的心灵升华过程，由此而超越俗世、解脱烦恼、物我齐一，扑灭人与人之间、人与物之间的差别和界限，从有限进入无限之域，实现精神的"逍遥游"。

二、道家思想文化的德育价值

道家思想与儒家思想相比，其内容、功用、产生的影响虽不尽相同，但同样是中华优秀传统文化的瑰宝，对中华民族产生深远的影响。进入新时代，道家思想不断创新发展，其对当代德育的启示如下。

（一）有利于德育理念的创新，促进受教育者主体性的培养

在老庄道家的道德教育思想中，他们从受教育者的实际阶段和思想认识水平出发，强烈主张遵循客观自然规律，倡导培养受教育者自我个性，维护受教育者独立的道德人格，重视受教育者自身主体性的培养和发展，这与当前德育观念的创新基本同步。对主体进行道德教育离不开主体实际的思想认识水平，离不开主客体存在的客观规律。德育本身就是按照一定的客观规律，在主体思想认识水平基础上施加的有组织、有计划、有影响的教育过程。在教育过程中，充分认识主体的能动性，调动主体的积极性，维护主体的独立性，是对道家思想的继承与发展，也是德育理念不断创新的结果。

（二）有利于德育方法的完善，促进隐性德育资源的开发

与孔孟儒家的道德教育思想相比，老庄道家道德教育思想的隐性特征更为突出。老庄道教的道德教育思想主张，在充分发挥自身所蕴含的教育示范意义的前提下，教育者应该对受教育者进行启蒙教育和引导教育，更加注重潜移默化的影响，塑造受教育者的道德人格。老庄道教的这些德育思想对改进当今德育方法和开发隐性德育资源具有十分重要的启示作用。当前，德育方法多种多样，但归结起来，无非两种：显性教育和隐性教育。显性教育即理直气壮正大光明的教育，隐性教育即潜移默化润物无声的教育。两种德育方法相辅相成，缺一不可。其中，隐性教育每时每刻无处不在，它潜移默化地影响着人的思想品德和行为规范，使主体于无声处接受道德教育并内化

于心。

（三）有利于实现人与自然之间关系的和谐

老庄道家的道德教育思想不仅把人纳入整个道德教育思想体系，而且还包括客观存在意义上的自然。也就是说，人类不仅要处理好自己的思想道德发展，还要处理好与自然的关系。如何保持二者的和谐发展也是道德教育思想的重中之重。为此，老庄道家提出了"人德"和"天德"的思想，将人类社会的各种人类伦理道德融入"人德"中，将人与自然的和谐发展融入"天德"中。老庄道教认为，虽然人在自然界的万物中是非常伟大的，但从整体的宏观角度来看，人与自然界的其他事物一样，应该是它们的平等部分。人类应该与自然界万物共存，和谐发展。老庄道教倡导一种整体思维方式，通过天人合一来处理人与自然的关系。当前，全球生态环境持续恶化、气候变暖、土地荒漠化、全球公共卫生问题持续困扰人类，如何实现人与自然和谐共生是当今全球面临的重大问题。习近平生态文明思想继承我国优秀传统文化中人与自然关系的先进思想并创新发展，为当前全球正确处理人与自然关系提供了价值遵循和基本路径。

（四）有利于实现人与人之间关系的和谐

老庄道家思想中的"和谐社会"最重要的是人与人之间的和平共处。在老庄道教看来，没有什么比战争更能破坏人们的和平共处，老庄道教对此深恶痛绝。如今，尽管和平与发展已成为整个时代发展的主题，但一些地区因领土、宗教、资源等问题而引发的战争和冲突仍在不断上升。因此，只有反对战争，维护人民之间的和平共处，才能帮助人民稳定生活，促进社会和谐发展。社会公平正义是整个社会和谐稳定的基础和前提。反思如何建立公平公正的社会发展体系，尽可能缩小贫富差距，使每个人都能得到全面自由的发展，从而实现人与人之间的和谐，对于构建社会主义和谐社会具有重要意义。同时，和谐也是社会主义核心价值观国家层面的价值目标，集中体现学有所教、劳有所得、病有所医、老有所养、住有所居、幼有所育的生动局面。它是社会主义现代化国家在社会建设领域的价值诉求，是经济社会和谐稳定、持续健康发展的重要保障。这一思想也是对传统道教思想文化的继承和发展，是一种高水平的总结和创新发展。

第三节　高校大学生德育教育中法家思想的遵循

一、法家思想的精髓

（一）法治思想

"法治"思想主张重视"君法"，加强君主的权威，加强中央集权，是针对儒家"礼治"强调"人治"的观点而提出的。法家认为只要有了好的法令，即使是能力一般甚至能力较差的庸才也能治理好国家。法家是以"性恶论"和"进化论"作为"法治"理论基础的。法家的思想家们认为，人具有"好利恶害"和"趋利避害"的本性，这种本性不仅表现在个体生存的方方面面，而且很难改变。国家必须通过"严刑峻法"来进行惩罚和奖励才能起到稳定社会秩序的作用。所以，从"性恶论"的角度讲，国家必须实行"法治"才能实现国家的繁荣富强。有一部好的法律是使"法治"思想得以推行的前提，于是法家提出了普遍性的立法原则，即"循天道""因民情""随时变""量可能""务明易"。

法家非常重视法律的执行，为了推行"法治"，法家认为法令是所有人行为的唯一标准，即所谓"一断于法"。因此，法家提出了"明法、任法、依法、从法"的主张。另外，法家还非常重视运用法律进行赏罚，提出："信赏必罚""厚赏重罚"等。"信赏必罚"就是说赏罚要兑现、赏罚要公平，坚决反对"宥过"和"赦刑"的情况出现；"厚赏重罚"就是说赏赐得多，同时惩罚的也重。这些原则都体现了法家"严刑峻法"的鲜明特色。

（二）耕战思想

法家的耕战思想由来已久，耕战思想是指一方面对内加强统治，大力发展农业，增加生产；另一方面对外积极备战，重视军事。在战国初年，魏国的李悝就提出"尽地力之教"，大力发展农业生产，这既有效地保证了国家的充足税源，又对当时封建关系的发展起了促进作用。李悝认为只有经济稳定，政治才能稳定。战国中期的商鞅全面发展了耕战思想。他把农业提到了立国之本的高度，认为农业是财政收入的源泉，农业生产是国家富强的根本，只有发展农业，才能使国家富强。他还利用人之趋利避害的本性，用刑赏的方法驱使民众务农。

此外，商鞅还主张"重农抑商"，旨在稳定并保证农业生产有充足的劳动力，保持农业人口与非农业人口适当的比例关系，从而促进农业发展。商鞅认为农以富国，而兵以争天下，这才是真正的国家生存之道。他认为只有通过种种措施来加强军备，才能使人民"喜农而乐战"，专心致力于农战，从而达到富国强兵和"无敌于天下"的目的。在商鞅的思想中，耕战是相互联系、相互促进的。

一方面，耕可养战。农业生产的发展可以使国家富强，并为战争提供丰富的物质基础；另一方面，农业生产与战争可以相互结合、相互转化、相互促进。商鞅之后，法家思想的集大成者韩非同样主张耕战思想，而且比商鞅的更为彻底。他不仅把不事耕战的其他职业都视为社会的害虫，而且还要取消不事耕战而取得爵位的旧贵族的特权。韩非提出："富国以农，距敌恃卒。"（《韩非子·五蠹》）认为只要坚持耕战政策，就可以国富兵强，即具备统一天下的条件。

二、法家思想文化的德育价值

韩非的法家思想理论为秦国所用，从而加速了秦统一中国的进程。但是，秦王朝建立以后，独尊法家采取赤裸裸的暴力统治，这样各种社会矛盾很快激化，导致秦王朝迅速灭亡。所以，自秦朝以后，再没有哪个王朝胆敢公开打出法家的旗号。但是，法家思想并没有消亡，而是被儒学吸收（如儒学大宗荀况就吸收了不少法家思想），发生潜在影响，而且历史上任何一次政治或经济的改革运动多少都要吸收一些法家思想。当前，我国着力推进法治社会的建设，可从法家思想中找寻借鉴。"法治"思想对当代德育的正面启迪主要包括以下几个方面。

（一）注重法律制度教化

法家注重社会道德的塑造，致力于强化全社会的守法意志。法家道德教育的注意力始终放在社会教育上，提出"以法教心"，其重要特点是以法制意识对社会道德进行有力引导。法家认为儒家的道德教育只是着意于培养少数仁义之师，难以解决社会整体的问题。儒家的理想社会以人的道德为基础，法家追求的是以法律教化为核心的社会秩序和文明，是对儒家只注重精神追求的社会理想的一种有益补充。

法家最重视的是社会法制意识，认为最基本的社会道德规范是遵纪守法，人的一切仁义道德意识皆源于对法制的认知。社会公共道德的核心是人们的守法意识，没有好的法律意识就不会有好的道德品质。社会公德具有稳定性和全民性，存在超越时代的延续性和超越阶级的共性认同。

（二）注重外部环境的营建

法家注重外部环境对人的影响作用。法家看到环境对道德教化的影响，积极利用环境对人们加以熏陶。

首先，它借助国家制度引导人们的道德取向，如提倡选贤、举恶制度。

其次，法家重视对不良社会风气和社会现象的治理，采用法制手段起到震慑作用，确保良性道德环境的建立。

最后，法家比较注重建立言信行果、说一不二的社会道德风尚，树立守信示范。法家认为应该形成言必信、行必果的道德风尚，赏信罚恶、罚赏并行，以政府的赏罚举措形成社会性的舆论氛围。

人的本质属性是社会性，这个社会性就是他所处的环境。环境与人的影响是相互的。环境塑造人，人改变环境。环境总是富有感染力的，环境能使人变好，也能使人变坏，良好的道德环境会在人们之间相互影响、相互浸染，产生渗透力和辐射作用。现代德育应能动地利用环境的影响对人们实施道德教化，并不断通过道德教化来改善环境。在环境的诸多构成要素中，制度是构成环境的核心要素，通过制度建设引领社会价值的导向，创设良好的道德环境。

（三）注重关照个人合理利益

法家认为人们的思想道德归附受其利益关系的影响，如果忽视人们的利益关系，再好的道德教育也起不了大的作用。因此，法家十分重视道德的物质基础，从经济的视角来寻求道德变化的原因。法家认为只有人民的基本生活物资要求满足了，才会安居乐业，社会有序，才会出现精神上的文明，形成良好的道德秩序和社会风尚。法家认为人们对利益的追求有助于社会的发展，对人情好利的现实采取承认、尊重的态度，主张"富教结合"。法家认为道德教育要以富民为先，满足人们的利益需求，并用以利相导的办法来引导社会大众的道德发展方向。

马克思主义认为，经济基础决定上层建筑，物质资料生产是社会发展的基础。德育属于观念上层建筑，受到我国经济基础的制约。在对主体进行道德教育时，不能脱离主体的物质利益需求。我国确立了社会主义市场经济制度，市场经济就是利益经济，在公平竞争、合理设置的制度内，在互相需要、普遍联系的体系中，个人想要获得自己的利益，就需要为他人、为社会提供有效劳动，自利也能形成"互利双赢""共同发展"局面。经济社会应该充分尊重、保护人们的自利动机，引导其走上健康合理的轨道。在社会主义市场经济条件下，能够充分尊重个人的合法利益，保障并满足人们的物质追求，使人们有空闲追求精神层面的需求。

现代德育应当继承法家勇于变革、积极创新的精神，保持对社会变革的敏感和热情，突破传统束缚，因时而变、与时俱进，使道德教育迸发出新的活力。

第四节　高校大学生德育教育中伦理道德的扬弃

一、在扬弃传统道德中建设现代伦理

我国的现代化过程加快，要求中华民族在扬弃传统道德中建设现代伦理。

古代所遗留的传统，在现代社会中，并不仅仅用以了解过去，它对当今的现代化有所作用、影响，是现代化的起点。之所以如此，因为"人们自己创造自己的历史，但是他们并不是随心所欲地创造，并不是在他们自己选定的条件下创造，而是在直接碰到的、既定的，从过去继承下来的条件下创造"。当代中国人所创造的社会主义现代化，从历史发展的角度来审视，它并非与过去无所关联，相反，它是在全力吸取以往人类所创造的一切物质和精神财富上的新创造，是传统文明继续和延伸的一个新高峰。在道德伦理上也是这样。

传统道德是现代化的特点，并非说传统道德的每一事项和理论都能转化为现代道德，能够转化而成为现代道德的只是传统中的一小部分。现代化按照自己的标准，重新评判传统道德的一切方面，而后加以筛选，取其精华，弃其糟粕。

现代科学技术、现代经济、现代生活、现代大众传播媒介和各种教育造就着现代人。社会主义现代化改变着中国人的面貌，培养和造就有理想、有道德、有文化、有纪律的社会主义新人。这样的新人，在现代化中具有下列特征。

（1）追求知识，尽可能多地获取知识。因此，思路开阔，目光敏锐，尊重和考虑各方面的意见。

（2）理解历史，尊重合于时代的传统，也敢于对传统事业的不合理处提出挑战，从事改革。

（3）注重现在与未来，具有历史使命感和社会责任感，依赖理性和理性支配下的社会，从事各项事业。

（4）准备和乐于接受未曾经历的社会改革及其所带来的变化，按新的方式生活和思考。

（5）珍惜时间，具有计划，严格按计划所规定的时间活动，办事讲究效率，有强烈的个人效能感。

（6）在社会生活中，与他人相互了解，尊重他人也自尊自重，维护公共利益，从事公益活动。

（7）积极参与国际、地区的政治、经济文化活动，具有强烈的民族自信性、自尊心和凝聚意识。

（8）对人与社会的能力充满信任，在向自然索取财富的同时，美化环境，与自然和谐一致。

二、传统仁爱美德的现代化转化

（一）在批判继承中改造：创造性转化传统仁爱美德的内涵与要求

中华传统仁爱美德是中华传统文化的精髓，是中华民族历经几千年历史和实践积淀的成果，随着时代的变迁，传统仁爱美德中仍然存在着不少与时代不相适应的内容，正阻碍着当代中国社会的发展，如何正确对待中华传统仁爱美德，已经成为当代中国现代化进程中避无可避的问题。

1.赋予时代内容与形式：创造性转化传统仁爱美德的内涵

中华传统仁爱美德作为中华民族最为核心的价值理念，即便其生成、发展的经济基础、时代背景已经发生了根本性的变化，但是其中蕴含的关于如何处理人与亲人、他人、社会、自然乃至宇宙等关系的智慧，仍然具有重要的借鉴作用。然而，中华传统仁爱美德的时代价值并不会自然而然显现，五千年的中华文明史也表明，任何一个时代的文化发展都离不开文化自觉、离不开继承，更离不开创新。如何正视中国传统历史、如何正确对待中华传统文化，是中国走向现代化必须回答的时代课题。党的十八大以来，以习近平同志为核心的党中央高度重视传承和弘扬中华优秀传统文化，"坚持把马克思主义基本原理同中国具体实际相结合、与中华优秀传统文化相结合"，创造性地提出了"推动中华传统美德创造性转化和创新性发展"的"两创"思想，为新时代正确对待中华传统文化提供了根本遵循，《关于实施中华优秀传统文化传承发展工程的意见》的出台，更是为新时代传承与发展中华优秀传统文化提供了制度保障，彰显了中国共产党人对于传承和弘扬中华优秀传统文化的高度文化自觉与使命担当，标志着我国对待中华传统文化正不断由"自发"走向"自觉"。

2.坚持两个统一：创造性转化传统仁爱美德的要求

中华传统仁爱美德的创造性转化，关键在于坚持"两个统一"，即历史与逻辑相统一、理论与实践相统一，使中华民族最基本的文化基因与当代文化相适应、与现代社会相协调。

一是正确认识与处理传统仁爱美德与当代文化的关系。创造性转化传统仁爱美德，必须坚持"历史与逻辑相统一"的辩证方法，把握好"继承"与"创新"的关系。一方面，深入挖掘和阐发中华传统仁爱美德，充分肯定时代价值。习近平总书记强调，在任何时候，"抛弃传统，丢掉根本，就等于割断了自己的精神命脉"。社会主义友善价值观离开了传统仁爱美德这一传统社会的核心价值观，便成了"无源之水""无根之萍"。另一方面，充分发挥传统仁爱美德对于社会主义友善价值观的涵养作用，推动社会主义友善价值观的落细、落小、落实。必须明确涵养社会主义友善价值观、推动社会主义友善价值观践行的传统仁爱美德，只能是传统仁爱美德中至今仍然具有时代价值的内容。

二是正确认识与把握中华传统仁爱美德与现代社会的关系。解决这一问题的关键在于坚持"理论与实践相统一"的辩证方法，把握好传统仁爱美德创造性转化的"变"与"不变"，总体来看，创造性转化传统仁爱美德，"变"中亦有"不变"。从"变"来看，现代社会的生产方式、思维方式无疑与传统中国社会有着根本的差别，连同传统仁爱美德作用的文化系统也发生了深刻的变化，但是传统仁爱美德归根结底是关于如何做人的问题，关于人与人

第四章　中华文化认同视野下高校大学生德育教育的内容

之间如何交往、如何处理人与自然乃至宇宙的关系的智慧。传统仁爱美德的核心只有一个字——"爱"，强调爱人、爱物、爱宇宙，把很远的人、异类的禽兽乃至无尽的宇宙拉至近处，以其所"爱"达其所不"爱"，只一个"爱"字，却流传千年、历久弥新。当代中国同样面临着这些问题，不管时代如何改变，仁爱始终是目的而非手段，现实社会的发展终究有赖于个体人格的不断完善，有赖于"爱"。

（二）以唯物史观为旨归：创造性转化传统仁爱美德的依据与策略

创造性转化传统仁爱美德，既是传统仁爱美德的现代化需要，又是弘扬与践行社会主义友善价值观的当代需要，立足传统仁爱美德之"异""同"向度，创造性转化中华传统仁爱美德，聚焦社会主义友善价值观的践行。

1.以唯物史观为指导：创造性转化传统仁爱美德的依据

创造性转化传统仁爱美德的过程，实际上是以传统仁爱美德推动社会主义友善价值观落细、落小、落实的过程。从历史视角看，创造性转化传统仁爱美德，是推动传统仁爱美德的传承与创新，使之在新时代焕发出新的蓬勃生机的应有之义。近代以后，尤其是新文化运动以来，我国一度出现了"将传统文化与现代化对峙、传统文化变革与文化保守的极端趋势"，这种对待传统文化的激进态度，导致传统仁爱美德中许多仍然有时代价值的内容，连同一些已经过时的内容，一起被视为糟粕，遭到否弃；而对待传统文化的保守态度，也致使这些过时的内容阻碍着我国现代化进程。

从现实视角来看，创造性转化传统仁爱美德，是增进友善价值观认同、促进友善价值观信仰化、促成友善价值观普遍践行的必然要求。不得不承认，与历经近千年历史积淀、已经内化为中华民族精神基因的传统仁爱美德相比，社会主义友善价值观还很"年轻"，尽管"友善"早在2001年就已经提出，但是短短12年时间便被确立为当代社会的核心价值观，这在中国文明发展史上都前所未有。任何一个社会的核心价值观要在社会上发挥其精神作用，必须经历认知、认同、内化和外化一系列过程。经过长期的努力，社会主义友善价值观在现实生活中已经得到了较为广泛的宣传普及，但是价值观本身却与公众有着一定的"距离"，其深层次原因是社会主义友善价值观与社会公众心理、与民族心理还很不契合。要改变这一局面，无疑需要吸收和借鉴已经深深嵌入中华民族精神记忆中、仍然能够作用于民族心理的传统仁爱美德的思想内容、养成路径与方法，创造性转化传统仁爱美德，使其与社会公众心理、中华民族的深层次心理相契合，增进友善价值观认同，促进友善价值观信仰化，最终促成友善价值观的日常践行。

2.求同与存异：创造性转化传统仁爱美德的基本策略

创造性转化传统仁爱美德，不是毫无原则地生搬硬套，而是基于传统仁爱美德自身的思想特点，结合当代社会发展需要进行的，在当代，创造性转化传统仁爱美德，关键是从传统仁爱美德的"异""同"两种向度出发，聚焦其对社会主义友善价值观的践行作用。

其一，是基于传统仁爱美德之"同"的视角，创造性转化传统仁爱美德，有助于推动友善价值观的践行。传统仁爱美德之"同"在于以"人同此心、心同此理"的"爱"为核心，不管对象如何，一般人还是宇宙万物，都是仁爱美德关照的范围，应当一视同仁。中华传统仁爱美德的核心是"爱"，以人皆有之的"不忍"为发端，不断扩充以成仁德。传统仁爱美德强调仁者爱人，始终聚焦"人"，注重爱亲为先，却又不止于爱"亲"，而是通过忠恕之道超越了血缘亲情的束缚，不断向外推广成为普遍的人际之爱。随着天人合一思想的发展，传统仁爱美德拥有了形而上的本源基础——天，最终，传统仁爱美德成功实现了人、万物、宇宙的一体圆融，推广到宇宙天地，成为一种超越物种狭隘界限的大爱与博爱。纵观友善价值观，尽管在党和国家的大力宣传与教育下，已经在社会生活中已有一定的影响，公众对于友善价值观也有一定的认知，但是还应当注意到友善价值观不管在价值认同上，还是实践落实上都还很不够，具体表现为人际交往中友善与不友善现象交织，知善而不行善时有发生，友善正面临着获得全社会普遍价值认同、为全社会自觉践行的发展瓶颈。传统仁爱美德中蕴含的关于处理人与亲人、他人、外物乃至宇宙的思想智慧，关于传统仁爱美德的养成路径与方法，业已历经千年实践积淀，早已深深熔铸于中华民族的精神血脉之中，创造性转化传统仁爱

第四章　中华文化认同视野下高校大学生德育教育的内容

美德，对于拉近友善价值观与公众的心理距离，促成其与社会公众心理、中华民族的深层次心理相契合，推动社会主义友善价值观在民众心中落地、生根具有重要作用。

其二，是基于传统仁爱美德之"异"的视角，创造性转化传统仁爱美德，有助于推动友善价值观的践行。不可否认，传统仁爱美德是一种普遍之爱，具有博爱性，但是在现实实践过程中，传统仁爱美德又具有鲜明的等差性。传统仁爱美德的践行以孝悌为起始，向外推广，因交往对象的不同施以不同的爱，施予亲人以"亲"，施予他人以"仁"，施予"万物"以"爱"，"亲""仁""爱"便是爱的差异性，施予他人的"仁"并不适用于亲人，施予万物的"爱"也不适用于同类之人，传统仁爱美德在现实人伦中总体呈现出亲疏、远近、厚薄、次序之"别"。此外，传统仁爱美德还因人际交往的不同情形而有所分别，如以直报怨而非以怨报怨、以德报怨等。尽管传统仁爱美德的差等性常常为人诟病，但是其以最切己、最合乎人之常情的自然亲情为出发点，进而推己及人，最后达乎天地，最终实现了人伦乃至天人之间的普遍之"和"，由此建立起来的社会秩序无疑又是兼具友善成分的。在现代社会，个体逐渐从原有生活共同体中脱离出来，流入公共领域，在陌生人交往成为主流、利益与价值多元的时代，人与自身的冲突、人与人的冲突、人与社会的冲突以及人与自然的冲突越来越大，人们越来越渴望"友善"。传统仁爱美德蕴含的丰富思想内容、养成方法与实践路径，对于促成友善价值观落细、落小、落实具有重要作用。

第五章 中华文化认同视野下高校大学生德育教育的路径

中华文明绵延数千年,有其独特的价值体系。中华优秀传统文化已经成为中华民族的文化基因,植根在中国人内心深处,潜移默化地影响着中国人的思维方式和行为方式。要利用好中华优秀传统文化蕴含的丰富的思想道德资源,深入挖掘中华优秀传统文化蕴含的思想观念、人文精神、道德规范,结合时代要求继承创新,推动中国传统文化创造性转化、创新性发展,让中华文化展现出永久魅力和时代风采,使其成为涵养思想道德教育的重要源泉。本章内容主要阐述中华文化认同视野下高校大学生德育教育的路径。

第一节 中华传统伦理道德与大学生德育教育内容的构建

道德是一个民族的灵魂,是一个社会的底色,是国家富强民族进步的精神动力。2018年习近平总书记在参加十三届全国人民代表大会第一次会议重庆代表团审议时指出，领导干部要明大德、守公德、严私德。习近平总书记的重要讲话，既是对我国优秀传统文化的经验总结，也是对新时代治党治国规律的深刻把握，对塑造良好政治风气和社会风气、提高个人道德修养具有重要的指导意义。同时，习近平总书记的重要讲话对新时代学校"立德树人"目标的实现和德育提供指导内容和行动方向。

现阶段，我国学校德育具有多方面的内容，包括基本文明习惯和行为规范教育、基础道德品质教育、爱国主义教育、集体主义教育、民主法治教育和理想信念教育等。五千年来，中华民族历来重视道德建设，崇尚道德建设，并以实际行动不遗余力推行道德建设，道德建设贯穿中华优秀传统文化的方方面面。中国共产党成立以来，继承中华优秀传统文化，重视政党道德建设和公民道德培养，提出"立德树人，以德为先"的理念。结合习近平总书记的重要讲话和我国传统文化以及学校思想政治教育内容，对其进行归纳总结，将学校德育的主要内容概括为四个基本方面：大德教育、公德教育、私德教育、生态道德教育。

一、大德教育内容的构建

所谓大德，即大的道德，大的德行。在中华优秀传统文化中，大德一般指具有国家责任，担当国家大任，有先天下之忧而忧后天下之乐而乐的胸怀。在当代，大德一般指拥护中国共产党领导，热爱社会主义国家，认同中国特色社会主义理论体系，自觉投身中国特色社会主义事业建设，为实现中国特色社会主义共同理想和共产主义远大理想而不懈奋斗。在一个国家的道德建设中，大德是根基，根深才能叶茂。中华传统文化对大德的理解和当代对大德的理解一脉相承，其中都包含着深厚的爱国主义、集体主义、理想主义等。具体来说，大德的内容主要有以下几个方面。

第五章　中华文化认同视野下高校大学生德育教育的路径

（一）爱国主义

爱国是一个人最基本最深厚的情感。中华民族之所以绵延五千年，生生不息，一个重要的原因就是爱国。爱国主义就像一颗无形的种子，一代又一代的中华儿女将爱国主义深埋心中，在危难时刻将它播撒出去，形成巨大的力量，以保护国家和国家的儿女。因此，中国人的家国情怀，不论地点，无畏时间，根植于中国人内心，形成强大的意念。

自古以来，古人就具有强烈的历史使命感和社会责任感，他们勤勉爱国，忧国忧民，为国家为人民甘愿奉献。伟大的爱国诗人屈原与腐朽势力作斗争，不妥协不向恶势力低头，宁可投江葬身鱼腹，他的诗歌充满强烈的爱国主义，成为千古流传。南宋爱国诗人文天祥目睹朝代易主，军民遭屠杀，誓死不投降，留下"人生自古谁无死，留取丹心照汗青"的千古绝唱。南宋爱国将领岳飞面对山河破裂，为了驱赶侵略者，保护国土和百姓，维护宋朝统治，奉献自己传奇一生。他们胸怀大义，心系国家，坚持"苟利国家生死以，岂因祸福避趋之"的理念，一生都在为国家为人民不懈斗争，在他们的人生里，我们可以感受强烈的爱国主义情感。正因为无数这样爱国人士存在，在跌宕起伏的朝代，中华民族得以延续，中华文明得以发扬。

中国共产党成立于国家危难之时，各种救国思潮纷纷失败，山河破碎，国人迷茫，中国共产党人主动扛起历史责任，带领中国人民用生命趟出一条光明大道，以毛泽东同志为主要代表的革命先辈们不怕牺牲、不畏艰难、英勇奋斗、乐观坚强，带领中国人民站起来的伟大历史转变。新中国成立后，面对一穷二白的国家面貌，无数爱国人士勇敢站出来，为国家贡献自己的智慧和力量，为社会主义制度的建立奠定坚实的政治基础和经济基础。但纵观全球，我们与西方国家的差距依然很大，经历过"落后就要挨打"的惨痛教训，以邓小平同志为主要代表的中国共产党人坚定实施改革开放，带领中国人民实现从站起来到富起来的伟大飞跃。中国人民富起来，但在国际社会上，却屡遭霸权主义强权政治欺压，国人依然不自信。党的十八大以来，以习近平同志为核心的党中央，提出一些新思想新理念新战略，带领中国人民实现从富起来到强起来的伟大飞跃。百年来，中国共产党人继承古人爱国主义情怀，始终坚持以人民为中心的理念，全心全意为人民服务，把人民的利益放在第一位，得到广大人民群众的衷心拥护。

现阶段，爱国主义主要表现为拥护中国共产党领导，热爱社会主义伟大祖国，为维护祖国统一、民族团结、实现中华民族伟大复兴贡献力量。

（二）集体主义

集体主义指一切从集体出发，当集体利益和个人利益发生冲突时，个人利益要服从集体利益，必要时牺牲个人利益。集体主义和个人主义相对立，个人主义坚持个人利益至上，为了个人利益不惜牺牲一切。中华民族历来坚持集体主义，反对个人主义。个人主义对于一个国家一个民族来说是不可取的，如果个人主义盛行，对一个民族来说危害性极大。

集体主义在古代社会表现为民族大义，往往和爱国主义相融合，表现为精忠报国、礼仪忠信、克己奉公、见利思义等。古人对中华民族和文化具有强烈的归属感、认同感、荣誉感和尊严感。修身齐家治国平天下，这是他们伟大的历史使命，深深烙印在他们心中，如伟大爱国将领戚继光抗击倭寇、郑成功收复台湾等。他们表现出强烈的民族自尊心和自信心，为保卫祖国，捍卫国家主权而献身。当民族危机深重、国家面临生死存亡时，古人挺身而出，抛却个人利益，把民族集体利益放在个人利益至上，恪守民族气节。

在社会主义社会，集体主义通常指无产阶级的集体主义，主要表现为个人利益和集体利益相冲突时，坚持个人利益服从集体利益，为集体、国家和民族牺牲个人利益。社会主义制度的建立，为集体主义实现创造了条件。因为社会主义基本经济制度实行生产资料公有制，基本政治制度实行人民代表大会制度，都坚持人民利益至上，所以在社会主义条件下，个人、集体、国家的根本利益是一致的。集体利益要以个人利益实现为基础，只有个人利益得到充分的保障，才会激发人民积极性，为实现集体主义而奋斗。同时，个人利益实现以集体利益实现为保障，只有在集体中，个人才能实现全面自由的发展。

现阶段，集体主义主要表现为坚持人民利益至上，把人民利益放在第一位，全心全意为人民服务，自觉服从集体利益。

第五章　中华文化认同视野下高校大学生德育教育的路径

（三）中国特色社会主义共同理想和共产主义远大理想

理想信念是一个人未来发展的方向，是人生的动力，其中理想是目标，信念是精神支柱。缺乏理想信念，人生就会迷失方向，生活就会毫无意义。中国传统文化中古人的理想信念和当代社会的理想信念虽然具体内容不同，但是无论古人还是当代，都在为实现理想信念而不懈奋斗，这种精神一脉相承，值得学习。

在中国传统文化中，古人志士心怀天下，愿意为心中的理想信念而奋斗终身。春秋战国时期，孔子周游列国，讲学宣政，希望君主能够"以仁治国"，虽然处处遭到排挤诋毁，但是直至去世依然没有放弃对自己所构建社会理想的追求。西汉史学家司马迁虽然遭受宫刑，但是依然忍辱负重，不忘自己的理想信念，最终完成了名传千古的《史记》。北宋改革家王安石、范仲淹致力于改革封建社会弊端，以改变宋朝积贫积弱的现状，虽然处处碰壁，但是他们排除万难，依然坚定不移实施改革，为国家繁荣富强做出巨大贡献。古代无数志士毕生都在不断追寻崇高的道德修养和社会理想，他们读万卷书，行万里路，具有自由思想与独立精神，勇于为国家和社会发展提出自己的主张，为国家繁荣和社会安定起到了重要作用。

中国共产党成立以后，坚持以马克思主义为指导。马克思主义是由马克思、恩格斯创立并由后人继承不断发展的学说。马克思、恩格斯的一生也是为理念信念不懈奋斗的历程。马克思、恩格斯出生于富人家庭，本可以一生无忧无虑生活。但是在早期的社会生活中，马克思、恩格斯胸怀天下，将目光投入穷苦大众身上，站在无产阶级的立场上，抨击当时的统治阶级，遭到多次驱逐。即便如此，马克思、恩格斯也没有放弃自己的理想追求，一方面揭露资产阶级的基本矛盾，抨击资本主义经济政治的固有弊端；另一方面，站在全人类的角度，为人类自由而全面的发展提出设想，创立科学社会主义理论，认为人类未来的理想社会是共产主义。马克思主义为人类社会发展指明新的方向，俄国十月革命一声炮响，将社会主义理论变为现实。马克思主义传到中国，给党和正处于迷茫困惑的人们带来希望。中国共产党毅然选择马克思主义，在马克思主义指导下，中国发生翻天覆地的变化。从选择马克思主义开始，无论任何艰难险阻，中国共产党带领中国人民高举中国特色社会主义伟大旗帜，开创中国特色社会主义伟大事业不懈奋斗。未来，我们朝着共产主义远大理想的方向前进，需要一代又一代人，秉承古人追求理想信念的精神，接续奋斗。

"富强、民主、文明、和谐"是社会主义核心价值观国家层面的价值追求，也是中华优秀传统文化的精神延续，是一代又一代中华儿女的不懈追求。明大德就是坚决拥护中国共产党的领导，以人民为中心，对中国特色社会主义事业充满信心。新时代的青年需要明大德，立大志、成大才、担大任，将古人的家国情怀发扬光大，把个人理想融入社会理想中，关注社会现实，为国家和民族建设发展贡献力量。

二、公德教育内容的构建

公德教育即公共道德教育。公德是存在于社会群体之中的道德，是全社会约定俗成或者公认的道德。在社会生活中，人们为了群体利益，约定俗成了一些应该做什么不应该做什么的道德标准和行为规范。公德一般与私德相对立。私德包括个人品德修养、作风习惯以及个人私生活中的道德等。公德是一个国家、民族、社会集体遵守的道德品质和行为习惯。公德从本质上来说，是一个国家和民族在长期的社会历史发展中积淀形成的道德准则、思想观念和文化传统。它表现为公民道德建设、社会公德建设、家庭美德建设、职业道德建设。

从我国历史和现实国情出发，社会主义公道建设应坚持以服务人民为核心，集体主义为原则，爱祖国、爱人民、爱劳动、爱科学、爱社会主义为基本要求，以社会公德、职业道德和家庭美德为重点。在公民道德建设中，应明确和规范这些主要内容，使之成为全体公民普遍认可和自觉遵守的行为准则。

（一）公民道德建设

古人十分重视公民道德建设，根据长期的历史积淀，可将其归纳为忠、

第五章　中华文化认同视野下高校大学生德育教育的路径

孝、义、仁、礼、智、信等。比如，有"天下兴亡，匹夫有责"和"大道之行，天下为公"的忠义观；有"慈孝之心，人皆有之"和"老吾老，以及人之老；幼吾幼，以及人之幼"的忠孝观；有"穷则独善其身，达则兼济天下"和"以公灭私，民其允怀"的仁礼观等。古人关于公民道德建设在几千年的发展中不断发扬光大，始终是社会发展的基本伦理道德。在社会主义条件下，公民道德建设在吸取优秀传统文化的基础上，不断发展。

首先，为人民服务是社会主义公民道德建设的核心。在社会主义条件下，国家的一切权力属于人民，人民是国家的主人。为人民服务，以人民为中心，不仅是对党员和领导干部的要求，也是对人民群众的要求。每个公民，无论社会分工和能力如何，都可以通过不同的形式在自己的岗位上为人民服务。

其次，集体主义作为公民道德建设的原则，是社会主义经济、政治、文化建设的必然要求。我们应该把集体主义精神渗透到社会生产生活的各个层面，引导人们正确认识和处理国家、集体和个人的利益，倡导个人利益应服从集体利益，地方利益应服从整体利益，当前利益要服从长远利益，反对小集团主义、本位主义，牺牲公众和他人利益，把个人理想和斗争融入人民的共同理想和斗争。

最后，把爱祖国、爱人民、爱劳动、爱科学、爱社会主义作为公民道德建设的基本要求，引导人们弘扬爱国主义精神，提高民族自尊、自信和自豪感，积极参与建设中国特色社会主义的伟大事业。

（二）社会公德建设

社会公德是所有公民在社会交往和公共生活中应遵守的行为准则，在维护公共利益、公共秩序和社会稳定方面发挥着更加突出的作用。社会公德具有基础性、全民性、稳定性、简明性和渗透性等特点。它在一个社会道德体系中处于基础地位，是社会全体成员必须遵守的道德规范，它的内涵一般不用过多解释，渗透到社会生活的方方面面。社会公德一般相对稳定，几千年来，人们约定俗成世世代代遵守公共生活中最一般最基础的规则。中华优秀传统文化中有"路不拾遗""夜不闭户"的典故，今天我们有"拾金不昧""国泰民安"的做法。中华优秀传统文化中有"不蔽人之善，不言人之恶"的观点，今天我们有"待人谦逊""文明礼貌"的礼仪传统。因此，当前，我们所追求的社会共道建设，是对中华民族传统美德的继承，也是结合时代发展赋予新的内涵。在现代社会中，社会公德的基本内容是"文明礼貌、助人为乐、爱护公物、保护环境、遵纪守法"。社会公德作为人类社会中最简单的行为规范，和每个人的切身利益息息相关，每个公民都应该积极践行。社会公德作为社会主义精神文明建设的基础工程，应该大力宣传普及，鼓励人们成为社会的好公民。

（三）家庭美德建设

家庭美德是每个公民在家庭生活中用以调整家庭关系，处理家庭问题的道德行为准则。家庭美德涵盖父母、夫妻、子女、亲戚、邻里之间的关系。家庭是社会最基本的组成单位，"家是最小国，国是千万家"，国家是由一个个家庭组成的，家庭美德建设关系到国家道德建设的成败，关系到社会的安定团结。我国自古以来就倡导尊敬父母，赡养子女，强调长幼有序。比如，"孝有三：大尊尊亲，其次弗辱，其下能养"。古人认为孝顺父母可以分为三个等级，最高的孝顺是充分尊敬父母，其次是使父母不受辱没，最低等级的是仅仅赡养父母。可见，在古人看来，孝敬父母首先必须赡养父母，在当前社会，如果不赡养父母，会被世人唾骂，甚至受到法律的制裁。其次孝敬父母要使父母不以自己为耻。子女在外要时刻谨记父母教诲，遵守社会道德规范和法律法规，不做让父母丢脸受辱的事情。最后孝敬父母要学会尊敬父母。父母给予子女生命并将子女抚养成人，在这个过程中，可能有意见不一致时，子女应该学会和父母沟通，尊敬父母的意见。当然，父母也有义务去赡养子女，教导子女。除此之外，家庭美德还表现为男女平等。在奴隶社会和封建社会时期，男女关系不平等，在封建伦理五常中，有一常即为"夫为妇纲"，认为女子一般是男子的附属品，在家庭中没有地位。当前我们已经抛弃这种落后的思想，提倡男女平等。家庭美德还表现为夫妻相处和睦，俗话说"家和万事兴"，夫妻关系是家庭关系的核心，是家庭幸福的前提和保障。夫妻关系影响子女父母之间的关系，所以夫妻之间应该坚持平等互爱的原则,做到"携手白头""举案齐眉"。在家庭生活中,还应该坚持勤俭持家。勤俭持家是我国传统美德。我国自古以来就流传勤俭持家的哲学典故,如诸葛亮的"静以修身、俭以养德"。当前我国物质财富极大丰富,但是勤俭节约的优良传统并没有过时,习近平总书记提出的"光盘行动"就是倡导我们学会节约,避免浪费。邻里关系也是影响家庭和谐的重要因素,因此家庭美德中提倡邻里和睦。我国劳动人民历来重视邻里团结,如"远亲不如近邻""孟母三迁"等。总之,家庭美德建设需要大力倡导以尊老爱幼、男女平等、夫妻和睦、勤俭持家、邻里团结为主要内容的家庭美德,鼓励人们成为家庭的好成员。

习近平总书记特别强调家庭家教家风的建设,家庭关系影响社会文明进步,家教家风关系下一代的培养和健康成长。新时代,我们依然需要大力倡导家庭美德建设,使每一个家庭都充满幸福美满和谐,建立具有真正美德的家庭。

(四)职业道德建设

职业道德是所有员工在职业活动中应遵守的行为准则。良好的职业道德是每一名员工都应该具备的品质。中华优秀传统文化中关于职业道德建设的理论观点虽然没有进行明确表述,但是仔细研究会发现,古人对于职业道德建设相当重视。比如,"在其位谋其政,任其职尽其责",言简意赅地向我们说明不管在什么职位,都应该履职尽责。职业责任感和使命感对任何岗位来说都相当重要,是从业员工应该具备的最基本品质。只有爱岗敬业的人,才会在自己岗位上勤勤恳恳,甘于奉献,为国家为社会做出贡献;才会一丝不苟,精益求精,为行业发展做出贡献。中华优秀传统文化中倡导"货真价实,童叟无欺",认为"经商欺生,自断财路"。这其实向我们说明诚实守信的重要性。诚实守信是中华民族传统美德的一个重要内容,先秦时期,就已经开始使用诚信,认为"诚"即诚实,"信"即信守诺言,强调"勿自欺,勿欺人""言必信,行必果"。孔子认为"信"是一个人的立身之本,没有诚信,就失去了做人的基本条件。中国共产党成立以后,进一步加深对诚实守信的认识和理解。当前大学生的诚实守信意识普遍淡薄,应将诚实守信作为社会主义道德建设的重点加以教育。除此之外，职业道德还表现为公平公正、服务群众、贡献社会等。任何职业服务的对象是人民群众，理应坚持为人民服务的理念，坚持集体主义的观念，贡献社会。2019年，新型冠状病毒来势汹汹，无数的白衣天使坚守职业道德，在自己的岗位上默默奉献，为广大人民群众阻挡一次又一次的病毒袭击，成功保护了人民群众的生命财产。我们应该大力倡导这种职业道德，鼓励人们成为中国特色社会主义事业的好建设者。

"自由、平等、公正、法治"是社会主义核心价值观在社会层面的价值追求，是现代社会的基本道德准则，是社会文明的重要标志。社会公德是全体社会公民认同的道德秩序，体现了人民群众对美好生活的向往和追求。和人民群众相关的无非公民整体道德建设、社会公德建设、职业道德建设、家庭美德建设。道不可坐论，行不能空谈，要加强道德建设，必须大力倡导公德教育，让坚守公德成为每一个人所具备的基本品质。

三、私德教育内容的构建

私德即个人道德品质，中国传统文化历来注重个人道德修养，对个体道德修养提出许多要求，如慎独、内省、克己奉公、廉洁自律等。这些要求到现在对于一个人来说，依然是不可或缺的良好品质。中国传统文化历来重视道德建设特别是个人道德品质修养。

（一）强调对社会、民族、国家的责任意识和奉献精神

中国传统文化中有强烈的家国情怀意识，出现一批又一批舍己为公、舍家为国的英雄人物，至今我们仍然感怀这些英雄，因为他们把中国传统的责任意识和奉献意识体现得淋漓尽致。公私之辨是中国传统道德发展的一条主线，在公私之辨中，其主导性观念是把"公义胜私欲"作为道德的根本要求，乃至把"公义"作为最高的道德标准，主张克己奉公。这些思想在中华民族的历史发展中起到了积极而重要的作用，对于当前提高个人道德水平具

第五章　中华文化认同视野下高校大学生德育教育的路径

有重要意义。在社会主义社会条件下，在中华传统文化熏陶下，在马克思主义思想指导下，涌现出更多担当国家大任的人才，这是时代的进步，也是文化的传承。

（二）学会尊重宽容，实现人际和谐

从仁爱精神出发，我国古人一贯主张"和为贵"的思想，强调社会和谐，追求天人和谐、人际和谐、身心和谐。而要实现人与自然和谐、人与人和谐、人与社会和谐、国家与国家的和谐，需要主体具备众多的道德品质，如尊重他人，严以律己、宽以待人等。作为教师，在教学时，我们需要维持和谐的师生关系，就必须学会尊重学生、宽容学生、体谅学生，以一颗仁爱之心教育学生。

（三）讲求谦敬礼让，强调克骄防矜

中国传统文化强调谦敬礼让，在这一行为规范中，"谦"是基点，"礼"是路径。"礼"处于关键地位，发挥着保障作用。礼也是人的立身之本和人格高低的标准。同时，古人强调克骄防矜，认为一个人要时刻谦虚谨慎，戒骄戒躁。谦虚谨慎是一个人所拥有的良好品质，作为新时代的大学生要时刻保持谦和礼让，不自满，主动学习，永不停步。

（四）倡导言行一致，强调恪守诚信

在中国古人看来，诚是一种真实无妄、表里如一的品格，也是道德的根本。信是一种诚实不欺、言行不贰的品格。中国传统道德认为，诚信的内容和要求是多方面的，但是最基本的是做到以诚为本，取信于人，诚信之德在于言必信，行必果。新时期，"富强、民主、文明、和谐，自由、平等、公正、法治，爱国、敬业、诚信、友善"，24字社会主义核心价值观，把涉及国家、社会、公民三个层面的价值要求融为一体，在培育什么样的公民问题上，再次强调诚信，既体现了社会主义本质要求，继承了中华优秀传统文化，也吸

收了世界文明有益成果，体现了时代精神，是当代中国精神的集中体现，凝结着全体人民共同的价值追求，是社会主义核心价值观的基本内容。

（五）追求精神境界，看重道德实践

中国传统道德认为，人之所以不同于动物，在于人有道德。因而，人们除了有物质需要外，还有精神需要，而一切精神需要中最为重要的是道德需要。道德对于一个人来说是首先的，立人先立德，好的道德品质绝不是私事小事，它关系到一个人的形象气质、思想观念、人生方向。习近平总书记多次强调，高校要坚持"立德树人"以德为先，大学生处于人生的关键时期，必须树立正确的道德观念，把人生的第一粒扣子扣好。

（六）重视道德践履，强调修养的重要性

重视道德践履，就是强调个体在道德修养中能够积极实践。中国历史上的儒、道、墨、法各家都认为，在树立起崇高的道德理想和信念之后，最重要的是要积极行动，达到成就道德人格的目的。在追求道德的理想境界、成就道德人格的过程中，中国传统道德非常强调善学、慎思、内省、律己的功夫。在传统道德看来，这种个体道德的完善是国家社会的根本，它不仅仅是个体的修养问题，而且是对国家社会的责任义务。

"爱国、敬业、诚信、友善"是社会主义核心价值观在公民层面的价值追求，集中表达了个人应当遵循的价值原则，是对公民私德的要求约束。习总书记指出："严私德，就是要严格约束自己的操守和行为。"私德对于个人在社会中能否安身立命具有重要影响。任何人都应该修身正行、立德固本，从小事上加强道德修养，永远守住做人做事的底线。

四、生态德育内容的构建

生态德育的内容主要包括生态道德意识教育、生态道德知识教育、生态

道德规范教育和生态道德养成教育。

（一）生态道德意识教育

其目标是更新全民的生态道德意识，提高全民的综合素质，主要包括生态忧患和生态责任意识、生态保护和生态全球意识、生态消费意识教育。

（二）生态道德知识教育

生态道德知识教育是一种规范教育，规范人与人之间以及人与社会之间关于生态环境利益的关系，主要是通过生态知识和生态道德知识的教育，使受教育者能够真正树立生态道德观念，澄清生态道德的善恶标准，为培养良好的生态道德能力做好认知储备，帮助社会群体和个人获得一系列与环境相关的价值观，并形成积极参与改善和保护环境的道德机制。

（三）生态道德规范教育

生态道德规范教育包括道德规范教育和生态法制教育两个方面。

1.道德规范教育
道德规范教育是整合和调整生态问题的重要手段，是实现可持续发展的内在规定和必要条件。

2.生态法制教育
生态法制教育不仅要求加强全体社会成员的法律观念，还要求人们熟悉并积极学习中国颁布的相关生态法律法规。保护生态环境必须依靠制度、依靠法治。我国生态环境保护中存在的突出问题大多同体制不健全、制度不严格、法治不严密、执行不到位、惩处不得力有关。要加快制度创新，增加制度供给，完善制度配套，强化制度执行，让制度成为刚性的约束和不可触碰的高压线；严格用制度管权治吏、护蓝增绿，保证生态文明建设决策部署落地生根见效；落实领导干部生态文明建设责任制，严格考核问责。

（四）生态道德养成教育

生态道德修养教育的内容十分广泛，在日常生活中无处不在。它不仅应该与日常生活相结合，还应该与社会生产活动和个人职业活动相结合，特别是与各个行业的职业道德教育相结合，使生态保护成为全社会的共同意识和自觉行为，确保到2035年美丽中国目标基本实现，到21世纪中叶建成美丽中国。

第二节　中华和谐传统与大学生德育教育目标的构建

德育目标是指通过教育活动使受教育者的思想品德实现社会或社会群体所期望达到的总体规格要求，也即德育活动所期望达到的结果。德育目标从内容上可以划分为观念性目标和指令性目标；从时间上可以划分为短期目标、中期目标、长期目标；从层次上可以划分为广泛性目标和先进性目标。一个社会的德育目标具有历史性、阶级性和民族性。德育目标会随着社会历史的发展而发展，没有一成不变的德育目标。德育目标也总是为统治阶级服务的，德育目标反映了一个民族的风俗习惯、文化传统、思维方式等。德育目标也具有继承性，中华民族五千多年的历史发展，虽然具体的德育目标不尽相同，但是总有一脉相承的内容，表现为中国传统文化中的"和合伦理"。

一、传统"和合伦理"的经验启示

"和谐"是社会主义核心价值观的重要内容，是我国所追求价值目标之

第五章 中华文化认同视野下高校大学生德育教育的路径

一。构建社会主义和谐社会与中国传统文化中的"和合伦理"不谋而合。中国传统以"天和""人和""心和"三位一体的"和合伦理"思想，并辅之以"五伦"具体规范，共同构建了中国传统伦理道德思想体系，并且取得了显著成效。这种历史经验给了我们重要启示，面对当今人与自然、人与社会、不同文明之间矛盾逐渐尖锐以及功利主义盛行、人心浮躁的现实，古人这种"和合伦理"思想及其实践经验给了我们重要启示，即追求"人—社会—自然"的和谐不仅是我们现代德育的目标，也是现代德育的基本体系。

（一）"人与自然和谐"的德育现实价值

在中国传统文化中，历来强调"天人合一""和合共生"，如儒家思想文化中的"天人合一"认为人与自然界是平等共生的，人类不能够无序开发自然界，否则就会遭到自然界的报复。道家思想强调"道法自然"，认为"道"遵从自然法则，自然界有其运动的规律，是不以人的意志为转移的，如老子认为"人法地，地法天，天法道，道法自然"，强调人要以尊重自然规律、崇尚自然规律为最高准则和基本依归。理学的创始者之一程颢也说："人与天地一物也"等。除此之外，中国传统的物质文化、艺术文化、传统节日与习俗、科技文化等都体现着强烈的与自然和谐共处的哲学道理。比如，传统的中医学特别重视自然环境对人的身体素质和健康疾病的影响，中医学认为人与自然和谐关系的破坏，是人生病的主要原因。放眼全球，埃博拉病毒、猴痘病毒、新冠肺炎疫情等，都在向我们说明古人把人类健康和自然界联系起来的观点是正确的，这对当今世界具有积极和重大的意义。

生态兴则文明兴，生态衰则文明衰。生态环境是人类生存和发展的根基，生态环境变化直接影响文明兴衰演替。人与自然和谐相处，不仅关系着自然界的生态平衡，而且也关系着人类自身的生存和发展，当今社会所需资源绝大多数来源于自然界，自然界与人类的关系是应和谐共生。但现实生活中，人们却忽视了人与自然和谐相处之道，只知道无限度地向自然索取，认为人定胜天。随着现代文明的推进尤其是科学技术、工业革命的发展，使得我们面临着极为严重的生态危机，这些生态危机，如果不给予重视和解决，其结果必然导致地球和人类的自我毁灭。因此，人与自然的和谐共生比任何时候都显得重要。

进入21世纪，自然界对人类的报复愈演愈烈，全球气候变暖、土地荒漠化沙漠化、酸雨等每时每刻威胁着人类的生存。如何与自然界和谐共生成为人类首要面临的问题。党的十八大把生态文明建设纳入中国特色社会主义"五位一体"总体布局，以习近平同志为核心的党中央站在坚持和发展中国特色社会主义，实现中华民族伟大复兴的中国梦的战略高度，提出了人与自然和谐共生、绿水青山就是金山银山、共谋全球生态文明建设等一系列生态文明思想，为生态文明中的德育工作提供了新思路和新内容，为建设美丽中国、实现人类永续发展提供基本遵循。我们加强和改善德育，首要的价值就是要积极构建人与自然相处关系的和谐之道。这不仅是我们德育的最高价值，也是最重要的德育内容。

（二）"人与人、人与社会和谐发展"的德育现实价值

中国传统文化特别重视人伦道德，即人与人之间的道德关系。例如，儒家思想中认为人有五伦：父子、君臣、夫妇、兄弟、朋友。父子有亲，君臣有义，夫妇有别，长幼有序，朋友有信，是人与人关系和谐的阳光大道。孟子认为：君臣之间有礼义之道，故应忠；父子之间有尊卑之序，故应孝；兄弟手足之间乃骨肉至亲，故应悌；夫妻之间挚爱而又内外有别，故应忍；朋友之间有诚信之德，故应善。这是处理人与人之间伦理关系的道理和行为准则。抛开维护封建统治秩序、压抑人性、等级森严等消极因素不讲，中国这种传统人伦应该说在维护社会秩序、促进经济社会发展上起到了非常重要的作用。

除此之外，古人非常重视"和"在处理人与人、人与社会关系中的重要作用，指出以和为贵，宽容处事。"和"意指和谐。比如，孟子提出"天时不如地利，地利不如人和"，倡导构建"老吾老以及人之老，幼吾幼以及人之幼"的和谐社会，从而实现"人不独亲其亲，不独子其子"的大同社会。古人在处理人际关系时还提出著名的"中庸"思想，"中庸"强调的是对待人与人、人与社会的关系时要把握一个度，避免冲突和对抗，不能太过激进，否则过犹不及；提倡"贵和""持中""求同存异"等，这对我们今天处

第五章 中华文化认同视野下高校大学生德育教育的路径

理社会各种矛盾，构建社会主义和谐社会具有重要借鉴意义。

毋庸置疑，改革开放以来，我们经济建设取得了令世人瞩目的伟大成就。但随着改革开放的深入，一些深层次矛盾不断爆发。这些问题，如果不引起高度重视并加以解决，其后果不仅会影响我国社会主义现代化建设，而且会将我国改革开放成果毁于一旦。因此，人与人、人与社会和谐相处，比任何时候都显得重要，积极构建人与人、人与社会和谐相处是我们加强和改善德育的内在动力和重要内容。

（三）"个体身心和谐发展"的德育现实价值

中国传统文化历来重视个体的身心和谐发展，注重个人道德修养和人格培养。比如，老子认为"知人者智、自知者明"，儒家思想也特别重视个人身心内外和谐发展，孔子认为每个人应该保持平和、恬淡的良好心态，提高个人修养。孟子认为做人应该"存其心，养其性。修身以之，所以立命"。一个人保存其内心，修养德性，必须要学会修养自身，才能安身立命，保持个人身心和谐发展。因此，儒家提出"修身齐家治国平天下"的著名思想。一个人只有先修身养性，才能保持家庭和睦，才能治理国家，平定天下。可见，保持个人身心和谐是做好其他一切事情的前提条件，一个社会想要和谐，必须注重个人道德修养，这样才能实现真正的和谐社会。

个体的身心和谐发展对于我们今天加强和改善德育，促进社会主义和谐社会的构建具有重要借鉴意义。众所周知，随着我国社会主义市场经济的建立和发展，一方面，我们获取并享受着改革发展的丰硕成果，但另一方面，也要看到随着社会竞争加剧，导致部分人始终处于身体亚健康状况，人的精神压力越来越大，这种精神疾患以及私德的沦丧，不仅给个人带来了严重的危害，同时也给社会带来不安。人生活在自然界和社会之中，是自然界和社会的一分子，个人身心和谐与否，直接关系着社会和谐、自然和谐。因此，加强和改进道德教育的前提和基本内容是促进个人身心和谐，因为这不仅关系到个人的全面发展，也关系到人与人、人与社会、人与自然的和谐。

除此之外，中国传统文化理论还提出民族与民族、国与国之间的和谐共处，主张"协和万邦"，而非暴力征服，主张国与国之间的关系是平等交往，和平共处，这与习近平总书记提出的外交思想一脉相承。在处理外交关系上，我国历来强调和平共处五项原则，反对霸权，反对以强凌弱、以大欺小，主张平等交往，互惠互利。

二、现代德育目标的基本内容

根据中华传统文化中的"和合伦理"，结合新时代德育发展，本书认为当代德育目标的基本内容主要包括以下几方面。

（一）生态德育

生态德育是指通过一定的教育活动，对受教育者施加系统的生态道德影响，使他们认清遵守和讲求生态道德行为的基本原则和规范的意义，能够从人与自然相互依存、和睦相处的生态道德观点出发，自觉主动地履行维护生态平衡的责任和义务，自觉修养爱护自然环境及生态系统的思想觉悟和行为习惯。

（二）公民德育

公民德育就是要通过一系列的教育活动，使受教育者知晓现代社会人与人、人与社会相处时应遵守的行为规范，进而促进人与人、人与社会的和谐相处。

（三）私德教育

私德，顾名思义，就是指与公德相对应的个人品德修养，它与公德共同构成社会道德。

私德教育包括道德观念、道德情感、道德意志和道德行为四个内容。

（1）道德观念

道德观念包括道德概念、原则、信仰和观点的形成，以及利用这些观念来分析道德状况，对人、事和自己的言行做出对错、善恶的道德判断。

（2）道德情感

道德情感是人们在心理上对某种道德行为产生的一种情感体验，如爱或恨、喜欢或不喜欢。

（3）道德意志

道德意志实际上是道德观念的能动作用。它是人们用自己的意识通过理性权衡来解决道德生活中的内在矛盾和支配行为的力量。这种力量通常体现在人们通过积极进步或顽固的自我控制来实现道德目标的行动中。

（4）道德行为

道德行为是人们在一定的道德意识控制下对待他人和社会的具有道德意义的活动。它是人们道德观念的外在具体表现，是实现道德动机的手段。道德行为本质上是一种自律行为。人们道德水平的提高有赖于自身内在主观精神和主动性的激发和激活。

第三节　中华传统道德与大学生德育教育途径的构建

中国古人在两千多年的道德教育实践过程中，不断总结继而形成了国家引导、家庭教育、学校教育、社会教育、宗教教育和个人修炼多位一体的德育途径。

一、国家引导

秦始皇为维护中央集权的统治,实行"焚书坑儒",定法家思想为统治思想。汉武帝"罢黜百家,独尊儒术",国家力量在文化的构建、道德教育中起到决定性作用。中国古代封建统治阶级非常重视德育,把它放在国家治理的高度并以国家机器加以推进。这集中体现在以下五个方面。第一,上教下化、正面灌输,就是指统治阶级用正统思想对民众进行有目的、有组织的教育感化,把伦理道德经典奉为经书,使之家喻户晓,妇孺皆知。第二,克明俊德、立身惟正,要求统治阶级要严格遵守道德规范、率先垂范,以此达到治理国家,教化社会,继而民心和善天下太平的目的。第三,明道善策、教而后刑,也就是通过制定行政决策和国家律令,对守德者给予奖励,对失德者给予处罚,营造良好氛围,以教育和引导社会民众普遍遵守道德。第四,纳入考试、举贤任能,即统治者还兴办学校,把社会道德规范纳入学校教育体系和考试范围,以加强对各级民众的教育灌输。第五,礼乐结合,把伦理道德与礼乐结合,寓教于乐,对民众进行道德教化,在潜移默化中陶冶情操,进而把道德规范内化为人的情感意志,转化为民众的自觉行动。

新时期,要发挥国家引领作用,就要牢牢掌握意识形态工作领导权。意识形态关乎旗帜、关乎道路、关乎国家政治安全。第一,掌握意识形态工作领导权,要旗帜鲜明坚持马克思主义指导地位。马克思主义是我们立党立国的根本指导思想,是中国共产党人的"真经"。任何时候、任何情况下,坚持以马克思主义为指导不能有丝毫含糊,必须旗帜鲜明、毫不动摇。第二,掌握意识形态工作领导权,要加快构建中国特色哲学社会科学。哲学社会科学是人们认识世界、改造世界的重要工具,是推动历史发展和社会进步的重要力量,我们要按照立足中国、借鉴国外,挖掘历史、把握当代,关怀人类、面向未来的思路,体现继承性、民族性,原创性、时代性,系统性、专业性,努力构建全方位、全领域、全要素的哲学社会科学体系,在学科体系、学术体系、话语体系等方面体现中国特色、中国风格、中国气派。第三,掌握意识形态工作领导权,要坚持正确的舆论导向。舆论历来是影响社会发展的重要力量，古今中外，任何政党要夺取和掌握政权，任何政权要实现长治久安，都必须抓好舆论工作。

二、家庭教育

要继承发扬中国传统家庭伦理在德育中的重要作用。在中国的传统文化中，家庭的伦理道德教育居于极其重要的基础性地位，西周以"孝"为主的宗法道德规范，孔子提出的"仁"，就是从家庭伦理开始的，表现在"孝悌""爱亲"，孟子提出的"人伦"等都反映了古人重视家庭的德育功能。至于"三纲五常"更是把家庭的德育功能推向极致，"三纲"中就有"两纲"、"五常"中就有"三常"专门规范家庭伦理。以上都充分说明家庭是中国传统重要德育途径。

家庭是社会的基本细胞，是人生的第一所学校，对一个人的价值观的养成有重要影响，要重视家庭建设，注重家庭、注重家教、注重家风，发扬光大中华民族传统家庭美德，促进家庭和睦，促进亲人相亲相爱，促进下一代健康成长，促进老年人老有所养，从家庭做起培育良好道德风尚。

三、学校教育

道德教育是古代学校教育的核心内容。学校教育的目的是"长善救失"，即使人的过失得以挽救，而使人善良的方面不断增长。在中国古代，统治阶级强调学校教育的两大功能是培养国家所需要的人才和培育社会良好的道德风尚。孔子说："君子如欲化民成俗，其必由学""古之王者，建国君民，教学为先"（《礼记·学记》）。孟子认为，教育的作用在于扩充人的善性而达到治理国家的目的。荀子把教师纳入天、地、君、亲、师的序列，这种尊师思想对后世产生了深远影响。基于这样的认识，历代统治者都十分重视教师，儒家代表人物孔子被历代统治者提到"至圣先师""万世师表"的地位。

"少成若天性，习惯之为常。"培育良好的德行，还必须从小抓起、从学校抓起。要把德育的基本内容和要求渗透到学校教育教学之中，体现在学校日常管理中，做到进教材、进课堂、进头脑，让良好的德行在青少年的心田中生根发芽。学校是德育的重要阵地，德育是学校工作的首要目标和内容，二者相辅相成，要推进二者的完美融合，培育中国特色社会主义建设者和接班人。

四、社会教育

中国古代非常重视发挥社会在德育中的重要作用。要继承发扬中国社会德育的优良传统，应做到以下几方面。

第一，要充分发挥各类媒体对德育的监督和引导作用。

第二，各级各类社会组织，在各自的具体活动中要起到良好的示范导向作用。

第三，要努力净化社会环境，扬善抑恶、扶正祛邪。

第四，要妥善解决各种社会热点矛盾。社会热点的处理过程往往是生动具体的道德教育过程，是道德原则的弘扬过程。

第五，要在全社会大力弘扬正气，树立各行各业的各类先进典型，使青少年学生学有榜样。

第六，要把德育与社会风俗、乡规民约、节日庆典、生活习惯等结合起来，强化德育效果。

第七，积极加强社会管理，构建校园周边文明和谐环境。

五、宗教教育

我国是一个多民族、多宗教并存的国家，信教或者受其影响的群众众多。因此，在德育过程中要发挥宗教德育作用，具体应做到以下几方面。

第一，重新认识和褒扬宗教道德中的积极因素，做出有益于当代社会主义道德教育的新解释。历史上，各宗教领袖或有识之士他们不仅信仰虔诚，爱国爱教，而且学识渊博，思想开明进步，在他们身上很好地体现了宗教的优良道德传统。

第二，团结和教育广大信教群众，为社会主义公民道德建设服务。要充分发挥宗教界知名人士的道德示范作用，同时要发动宗教团体和宗教信徒参与德育的实践活动。

无论本土宗教还是外来宗教，都要不断适应我国社会发展，充实时代内涵。要用社会主义核心价值观引领、用中华文化浸润我国各种宗教，支持宗教界对宗教思想、教规教义进行符合时代进步要求的阐释，坚决防范西方意识形态渗透，自觉抵御极端主义思潮影响。重视发挥宗教界人士作用，积极引导宗教与社会主义社会相适应，与社会主义道德教育相适应，引导宗教人士努力为促进经济发展、社会和谐、文化繁荣、民族团结、祖国统一服务。

六、个人修炼

中国传统道德教育非常重视个人的修炼，把个人修炼放在非常重要位置看待并推进，并积极引导民众"重学""内省""力行"。中国古代"修身"的宗旨，一是修己成人，不断提升自身的品德、气节、境界等全面素质；二是修己安人，即在待人处事过程中，要设身处地为他人着想；三是修己善群，修身是为了使自己真正融于和利于群体。可见，修身之道，就是做人之道。"修身"不是目的，而是实现自我价值的手段。"修身"可达"自我完善"，提升自我的"精神境界"，进而实现自我价值。

道德品德体现在一个人的世界观、人生观、价值观上，体现在一个人的工作生活和社会交往中，体现在一个人的一言一行上。它不是个人的先天禀赋，也不是零碎的生活片段，而是个人在长期的社会实践中锻炼而成的。加强个人道德修养是一个需要长期的坚持，需要个人的不断努力以及不断学习、不断完善的一个过程，只有这样才能真正提升个人的道德修养，才能真正加强个人道德品德。

文化是一个国家、一个民族的灵魂，是人民的精神家园，用优秀的文化塑造人，传承文化，弘德育人。现在的世界是开放的世界，世界文化丰富多样，面对外来文化的冲击，中国传统文化和思想道德教育工作都面临着前所未有的挑战，如何将中国传统文化与德育教育相融合，增强民族自豪感、树立文化自信、提升德育教育的实效性就显得尤为重要。

我国有着悠久的历史传统和深厚的文化资源，在漫长的实践中形成了坚持共同的理想信念、价值理念、道德观念，德育工作应当将优秀传统文化作为德育教育的载体，充分体现社会主义核心价值观，用其引领我们的言行，推动德育建设。这不仅是历史的选择，也关乎中华民族的振兴和伟大中国梦的实现。

第六章 中华文化认同视野下高校大学生德育教育的发展动力

21世纪的高校德育,无论内容还是形式,无论是目标、过程、方法,还是手段,也不论是管理还是评价,都将以一种崭新的面貌展现出来。本章就来分析中华文化认同视野下高校大学生德育教育的发展动力。

第一节 中华文化认同视野下高校德育教师队伍的建设

一、教师职业以及教师职业专业化

(一)教师职业的劳动特点

1.复杂性

教师的劳动非常复杂,这是由教育过程、教学对象这些复杂的因素所决定的。教学过程中又包含教学内容、教学方法等要素。因此说，教师劳动的复杂性是由各个教学因素所决定的。

第一，教师面向人（学生）开展工作，人是复杂的生物，有思想、有个性、有感情、有主见，不同学生表现出不同的一面，多样化的教学对象增加了教师劳动的复杂性。

第二，在教育活动中，教师可采取多种多样的方式与途径来积极教育和影响学生，这些教育方式本身就是复杂的，从而使得教师的劳动也是复杂多变的。

第三，教学内容本身所具有的专业性对教师教学的技巧与能力提出了较高的要求，也增加了教师劳动的难度。

2.繁重性

现代社会发展对教师职业提出了非常高的要求，教师因而面临着艰巨的教学任务，从而决定了教师劳动的繁重性。现代教育改革要求教师要培养德、智、体、美、劳等多方面素质全面与协调发展的人才，教师既要向学生传授课本知识，培养学生的文化知识素养，又要培养学生的思想品德，关注学生的健康；既要在课堂上传授知识与技能，又要在课余时间组织课外活动并带领学生参与；既要对学生的校园学习与生活给予全方位指导，又要对学生的校外生活与交往予以关心和引导。可见，教师的任务多么艰巨，教师必须付出大量的时间、精力和心血才能完成好这些任务。

3.高度责任性

教师劳动具有高度责任性，表现如下。

第一，教育事业是面向未来的宏伟的创造性事业，国家的可持续发展直接受教育水平与质量的影响，因此政府和人民都对伟大的教育工作者寄予了厚望。

第二，教师从事育人工作，肩负培养优秀人才的重任，教师劳动的质量与学生的前途息息相关，所以学生与广大家长对教书育人的从业者有很高的期望。

教师身上背负的重任和使命使教师产生了高度的责任感，当然也增加了教师的心理负担。

第六章 中华文化认同视野下高校大学生德育教育的发展动力

4.长期性和连续性

人的身心发展规律与特点以及教育的规律性决定了教师劳动的长期性和连续性，下面具体展开分析。

第一，人的成长是伴随人一生的，人不可能短期内就实现各方面的成长与发展，这是由人的身心发展特点所决定的。不管是掌握知识、树立观念，还是培养习惯，都需要长期的努力和反复地实践。因此，教师的劳动是长期的，教师要在长期的教学生涯中对学生的综合素质进行培养。教师的劳动必须是持之以恒的，只要在岗一日，就不能间断、不能松懈，更不能脱离工作。教师要有长期的教学计划和方案，要按照计划有序开展教学工作。

第二，我们在长期的教育教学实践中总结出了重要的教育规律与教育原则，其中典型的"循序渐进"教学规律与原则充分反映了教师劳动的长期连续性。

5.感染性和示范性

教师在工作中要将自己的各种特性发挥出来，将此作为手段去影响学生、感染学生，从而使学生的身心、智力等发生积极的变化。这是教师劳动与其他劳动不同的地方。从教师劳动的这一特殊性来看，教师既是劳动者，也是劳动手段。教师应该是有知识、有技能的劳动者，否则其不可能利用自身特性这个手段去影响学生，使学生发生预期的变化。集劳动实施者及劳动手段于一体的教师对教学质量和效果有决定性影响，因此教师必须提升自己的专业业务能力和其他各方面的综合能力，要充分发挥自己的"工具"价值，取得良好的育人效果。

教师劳动具有示范性，教师培养学生的思想品德，向学生传授知识和技能，首先自己要有良好的道德品质，要掌握丰富的知识和熟练的技能，这样才能给学生做出很好的示范。思想品德、知识、技能不仅是对学生的要求，也是对教师的要求，是教师应该具备的特质。青少年学生善于观察和模仿，会受到教师世界观、行为方式、言谈举止等各方面的潜在影响。所以，教师要给学生树立一个良好的榜样，要给学生做出正确的示范，要用具有感染力的教学去积极影响学生。

6.创造性

教师的劳动同样具有创造性。苏联著名教育家马卡连柯说过:"教育学是最辩证的、最灵活的一种科学,也是最复杂、最多样化的一种科学。"[①]教师劳动的创造性表现如下。

第一,教师在教书育人的过程中不停探索学生的内心世界,总结学生的成长成才规律,并根据学生的个体差异而因材施教,创造适合不同学生的教育方法,促进全体学生的进步与发展。

第二,学生的成长成才及全面健康发展受到校内外、主客体等多方面因素的影响,教师在教育工作中要善于将积极的影响因素利用起来去培养学生,同时也要巧妙化解与消除不利因素的弊端。教师对各种影响因素的运用讲究"巧"和"新",不能用一套固定方式去不加选择地利用所有因素,而要在综合判断、准确预测的基础上对各要素进行巧妙利用,并不断创造新颖的教育环境来积极影响学生,这对教师的创造性劳动能力是一个很大的考验。

(二)教师职业专业化的意义

教师职业专业化的社会现实意义如下所述。

1.提高教师的专业知识与专业技能

在当代社会中,由于高等教育课程和教育教学知识的大幅度扩充,在教育教学改革的过程中,教师不但要对社会和时代的变迁作出相应的调整,同时也要面对因知识的迅速增长而带来的一系列问题。在这种情况下,教师就必须不断地充实自己的专业知识,提高自身的专业能力。

总而言之,教师必须对与日俱增的专业知识进行必要的了解和应用,以确保教育教学工作的顺利进行以及高等教育的高质量发展。

---

① 赵顺来,车锦华.教师学[M].北京:中国科学文化出版社,2003.

2.满足教师自我革新的需求

在当前阶段下，教师就职以前一般都会进行一定的职前培训。但是，由于知识的日新月异、社会的急剧变化、科技的迅速发展，社会对高校青年教师的角色有了更多更新的期待和要求。因此，职前教育难以满足高校青年教师所有的工作需要，教师必须不断地进步，提高自身的专业发展水平，才能更好地适应社会对其提出的各项新要求。

总体来说，当代教师已经从知识的"传授者"转变为知识的"开发者""研究者"，教师专业发展正可以满足教师职业生涯发展的客观需求。

3.提升教师的教育品质

我国要发展高质量的高等教育事业，就必须要实现教师专业发展，这是发展优质高等教育的一条重要途径。教师通过自身的专业发展，可以提高专业能力，进而实现教师专业化。

（三）教师职业专业化发展的内容

1.教师专业道德发展的内容

教师专业道德包含着对教师各项标准的要求，是教师各种素质的综合表现，是教师专业发展的内在要求。相对于教师的职业道德来说，教师的专业道德更强调专业性与主体性。

（1）专业精神

教师在教育教学活动中的价值取向和追求即为其专业精神。教师的专业精神直接影响着自身的行为及其结果。为此，它要求教师具备高度的教育责任感，将教育作为自己神圣的职责；精益求精的工作态度；甘为人梯的服务精神；清晰有效的反思意识，不断实现自我超越；拥有坚定不移的专业信念。

（2）道德品质

这主要包括以下几个方面。第一，爱岗敬业，奉献社会；第二，热爱学生，教书育人；第三，求知创新，严谨治学；第四，团结协作，关心集体；第五，以身作则，为人师表。

（3）专业自律

教师要表现出一定的"角色敬畏"。教师的角色意味着其所承担的道德责任和义务，而通过"角色敬畏"，使教师在教育教学活动中"有所为有所不为"，体现道德责任感和道德使命感。教师的专业自律还要求其体现一定的"教育良心"，使高校教师对自己的教育教学行为进行自主控制与调节。

2.教师专业知识发展的内容

教师应该不断积累自身的实践性知识，重视教育经验反思，培养教育情境敏感性，倡导教育叙事研究，关切教育情感体验。只有这样，教师才能全身心地投入到教育教学中，不断实现自身的发展和提高。

3.教师专业能力发展的内容

教师要不断提高自己的专业教学能力和专业实践能力，实现以下方面的发展。

第一，具备敏锐细致的观察力，通过观察更好地把握学生的心态，对学生做出更加客观的判断，从而能够进行有针对性的教学。

第二，准确清晰的记忆力。不仅对有关教育教学的知识有良好的记忆，对全班学生的各种情况也要有准确的记忆。

第三，具备多方位立体思维能力，对事物能够进行客观的分析、综合、抽象和概括，提高自身思维的独立性、广阔性、准确性和创造性等，以全方位、多层次、多渠道地对学生进行教育。

第四，具有较强的组织管理能力，以全面组织管理教育班级学生的任务，具备民主、高效、开放的工作作风，促进学生特长和个性的发展，培养学生的主体性意识。

第五，具备一定的语言表达能力，教师只有具备良好的语言表达能力，讲究说话的逻辑性、规范性和情感性等，对学生进行思想品德教育和行为教育等。

第六，具备一定的自我调控能力，使自身保持良好的情绪心理状态，用理智支配自己的情感，做到语言、行为合情理、有分寸。

第七，具备灵活应变的教育机制，教师在教育过程中遇到突如其来的偶发情况，要能够正确、迅速、敏捷地进行判断和恰当处理，从而取得良好的教育效果。

第八，具备较强的创造能力，教师在借鉴前人发展先进经验的基础上，大胆进行工作方法改进，从中发现新的规律、新的观点和具有创造性的教育教学方法。

4.教师专业心理发展的内容

高校青年教师要促进自身以下几方面专业心理的发展。

第一，发展自身的专业心理素质，包括良好的职业道德心理素质、教学心理素质、辅导心理素质。

第二，发展自身的人格心理素质，包括端正自身的需要与动机、培养良好的性格、提高自我调控能力等。

第三，发展自身的文化心理素质，要善于运用一定的方法和策略学习新知识和新技能，通过学习提高自身的实践创新能力。教师还要努力提高自身的文化素质，完善自身的个性和人格心理品质。

第四，发展自身的社会心理素质，认识到自身角色的多样性，学习掌握各种社会角色期待和角色情境判断，提高扮演多重角色的社会心理素质；建立良好的人际关系，具备良好的交往心理素质；提高自身在教育教学活动中的计划、决策、组织、指挥、监督、调控等方面的素质与能力。

5.教师专业人格发展的内容

一个人的人格能够很客观地反映出其整体心理面貌。教师的人格形象能够体现出教师在教育教学活动中的整体心理面貌和心理特征。具体来说，教师的专业人格包括教师对学生的态度以及教师自身的气质、兴趣等方面。教师要实现其自身的专业发展，就应该形成教师的专业人格，为专业的发展奠定良好的心理基础。

19世纪的俄国教育家乌申斯基认为，在教育事业中，教学工作应该以教师的人格为根据，任何规章制度、任何机构设施，无论其设计和安排如何完善，都不可能代替教师人格形象。只有通过教师的专业人格才能获得教育的力量源泉。

苏联著名教育家苏霍姆林斯基认为，从本质上来说，教育教学过程就是师生之间在心智和情感方面的沟通和交流过程。教育是人与人心灵上最微妙的相互接触。学生会因为教师的人格形象来对教师进行判断。

教师在长期的教育实践中，通过对教育、对学生、对自我的深切感悟理解，对职业道德和教育理想自觉追求的内化，可以使自身的教师专业人格逐步达到成熟。

6.教师专业思想发展的内容

教师在教育教学工作中，要做到以专业思想作为行动的世界观与方法论。教师的专业思想为其专业发展提供了理性支点和精神内核，对于教师成长为一个教育教学专业工作者有着重要的影响。

客观来说，教育专业思想是动态发展的，是不断演变的。因此，每一位教师都必须不断总结教育教学实践，以此形成符合自身发展特点的、体现个人风格的教育专业理念、专业思想。在不断发展变化的现代社会中，教师应该树立终身学习的观念，促进自身专业思想与时代的发展要求相接轨。

（四）教师职业专业化发展的途径

要实现高校的不断发展，需要不断促进教师专业的发展。在这一过程中，要将理论研究与相关科学实验以及教师的先进经验有机结合，开辟多样化的教师专业发展途径。在此，我们将围绕教师专业发展的途径展开论述。

1.实施以人为本的教师管理

（1）加强教师的自我管理

教师不仅仅是被管理者，在学校管理中处于被动局面，还应该成为管理的主体参与管理，实施自我管理，践行"以人为本"。为此，高校教师要加强与管理者之间的沟通与理解，不断拓展双方交往、沟通的渠道。通过双方的亲密合作，弥补各自的不足，使双方学会换位思考，取得管理的最佳效果，促进各自的发展。

另外，教师要以促进自我发展为目标，不断进行自我提升。教师要认识到自身的能力水平、权利和义务，严格要求自己，在教育教学工作实践中不断克服困难、解决问题，促进自身专业的不断发展。

第六章　中华文化认同视野下高校大学生德育教育的发展动力

（2）转变落后的管理方法

高校的管理者，要不断提高自己的素质和人格魅力，处理好高校内部的人际关系。管理者要学会换位思考，不仅要考虑学校的发展任务和发展方向，还要考虑教师接受学校任务时的心态、压力等。管理者通过换位思考，避免简单粗暴地对教师进行管理，满足教师的某些需要，从而使教师能够积极主动地去完成各项教育任务，实现自身专业的发展。

同时，管理者要与教师形成互相尊重与信任的关系，以调动教师的积极性，营造一个相互尊重、信任的管理氛围。教师在工作中非常关心自己所发挥的价值，为此高校管理者要充分考虑每一位教师的成就需要，提供有利于教师展露自己的机会和平台，大胆培养、提拔青年教师，改善教师的工作条件；通过科学有效的管理，针对教师的个性特征和独特的心理特点、知识结构，使每位教师都能得到充分发展。

（3）建立科学的教师管理规章制度

在制定高校教师管理的规章制度时，要积极鼓励教师的参与，在执行这些规章制度的时候，要充分考虑教师的特殊性，这样可以提高教师工作或科研的积极主动性和激发其创造性。

2.实施校本教师培训

（1）强调教师自主学习

教师专业发展实质上是其进行自我定向、自主学习、自主发展的动态过程。因此，要实现教师自身专业的发展，需要促进其形成实现自身专业发展的自觉意识。在进行校本培训的时候，要尊重教师的自主性理念，促进教师自主发展，并为教师的自主发展提供有利的资源、条件和引导。

（2）加强教师间的互助合作

在校本培训中，改变了传统培训中培训者高高在上、受训者被动接受培训的局面。校本培训建立在对校内培训资源的充分利用的基础上，而且每位教师都有自身独特而又宝贵的教学经验。为此，通过搭建教师间合作互助的平台，促进教师间交流、分享教育教学经验，整合和重建各自的经验背景，促进自身专业的发展。

（3）重视同行专家的指引作用

虽然校本教师培训的核心理念在于倡导自主学习、推动合作互助，但是专家的支持和引导又具有重要作用。为此，要大力倡导以老带新的"导师制"，对新教师实行"一帮一"的指导活动，从而极大地促进教师专业发展。重视专家的引领作用，还应该重视发挥专家的"教学督导"作用，对上起到"参谋""反馈"的作用，对下进行"监督""指导"。

（4）注重组织制度保障机制建设

高校应该积极建立"教学发展中心"，对教育资源进行整合，为教师提供教学支持，提升教师的教学质量，推动校本教师培训的开展；将有关教育教学、教师培训的标准、要求等规范化、制度化，对教师专业自我发展进行严格管理等，实现其专业成长。

3.实施发展性教师评价

（1）体现教师评价的学术标准

要实现这一要求，应该做到以下几点。第一，学校应该着力构建具有学术性的发展性教师评价制度。建立发展性评价制度，将发展性教师评价纳入制度建设的轨道；重视评价过程的民主化，强调学术自由，避免过多的约束。第二，建立科学有效的奖惩评价机制。发展性教师评价与奖惩性教师评价应该相互结合，更好地促进教师专业发展。第三，构建职责分明的三级评价体系。

（2）建立适应性教师评价指标体系

教育教学活动的复杂性和评价参与者的复杂性，决定了教师评价标准指标体系的多层次、多维度和灵活性。为此，在对教师进行发展性评价时，重视评价者与被评价者之间的对话，在协商的基础上达成一定的共识，重视评价指标的构建性意义，从而使评价的结果更具有客观性，使被评价者获得正确的反馈信息，实现其不断改进和完善。

（3）提供必要的评价物质基础

高校发展性教师评价的制度、组织机构、规章制度、人才队伍、评价标准等的制定和实施，需要投入一定的时间和人力、物力，并且工作具有长期性。为保证评价工作的顺利进行，需要在教育教学经费划拨中纳入这一

第六章　中华文化认同视野下高校大学生德育教育的发展动力

内容。

4.实施教育行动研究

教师专业自主发展最重要的一条途径在于"使教师成为研究者",开展教育行动研究,无疑能够大大提高教师的理论述评和实践能力,提高教师的科研能力。在开展相关的教育行动研究中,应该注意以下几个方面。

（1）健全行动研究的外部机制

建立良好的高校管理制度和评价制度等外部机制,能够有效调动教师进行教育行动研究的积极性和主动性。为此,学校要认同、尊重和理解教师的专业地位和主体地位,给予教师一定的自主权,使教师真正成为高校的主人。另外,还应该为教师提供理想的职业环境,发挥教师自身的专业潜能和创新能力。高校激励教师开展教育行动研究,要重视为教师提供制度保障。

（2）提供相关的研究资源

教师通过教育行动研究进行学习、促进自身专业发展过程中,必然会受到一系列主客观因素的限制。此时,需要加强科学管理,发挥自身在人力、物力、财力、时间、空间和信息等方面的作用,以不断培养高素质的研究型教师队伍。学校要为教师创造实现其知识更新的有效途径和有利平台,使教师能够在一个宽松、民主的研究氛围中,围绕着日常教育教学问题进行教育行动研究,不断实现自身专业的发展。

二、教师在高校德育工作中的地位与作用

习近平总书记在同北京师范大学师生代表座谈时强调,教育应当"仁而爱人",要求广大教师成为"四有"好老师,即有理想信念、有道德情操、有扎实学识、有仁爱之心,这样才能做好学生不断成长的引路人,使大学生能够塑造良好的品格与品行。在新时代背景下,提升高校教师立德树人能力,这样才能培养出高素质的人才,促进人力资源强国的建设。

（一）加快高校教育发展的政策要求

教师立德树人的能力主要指具备过硬的德育素质、良好的师德素养以及精湛的教学与实践能力。要想不断提升高校教师立德树人的能力，本质上就要促进教师专业职业发展，让教师不断学习新知识与新技术，将自己的专业知识不断积累。

（二）履行教书育人职责的内在要求

新时代呼唤一批好教师，这些教师能真正担负起教书育人的责任。高校教师肩负着为国家输送高素质人才的使命和重任，因此他们需要具备扎实的知识，同时要不断提升自身的道德修养，将正确的道德观融入学生的头脑之中，让学生不断形成道德意识与观念。

当前，高校学生普遍缺乏自信心，因此高校教师应该将情感倾注在每一位学生身上，用欣赏不断增强学生的信心，用信心来树立学生的自尊。高校教师需要具备良好的立德树人的观念，对时代责任有明确的认识，努力培养出高素质的技能人才。

（三）提高人才培养质量的重要保证

有效培养社会需要的职业道德良好、理论基础扎实、实践动手能力过硬、学习迁移能力较强的技术技能人才，关键在于教师队伍。目前，我国高校的教师队伍结构呈现两极化趋势：一方面，高校教师普遍比较年轻，具有扎实的理论基础，但大多数缺乏企业工作经验，专业实践能力较弱；另一方面，由于高校招生规模逐年扩大，教师缺口较大，缺少包括专业带头人、骨干教师等在内的高水平教学团队，导致高校毕业生"硬技能"不硬、"软技能"缺失，难以适应社会需求，在求职过程中屡遭"冷遇"。高校教育迎来了新一轮洗牌，在新时代背景下不断提升高校教师的立德树人能力，是提高人才培养质量的重要保证，也是实现高校教育质量的关键层面。

三、中华文化认同视野下高校德育教师专业发展模式

（一）强化思想教育引导

教师的职业特点决定着教师必须具备高尚的品德。尤其是那些担任高素质技术人才培养的教师，他们更应该加强德育，提高德育素质，这是立德树人的首要条件。

首先，要在思想认识上加强重视。高校党政部门应该切实履行好教师队伍思想教育的责任，将教师的思想教育纳入日常管理之中。要不定式地开展优秀人物事迹的宣传工作。在行动上要引导教师践行社会主义核心价值观，牢固树立"四个意识"，坚决做到"两个维护"，这样才能在思想上与党中央保持一致性。

其次，在形式方法上要不断改进，通过读书会、专题报告等形式，发挥制度优势，开展政治理论学习，激发教师的政治意识与热情，提高他们的德育实效。

（二）搭建多元实践平台

建设高水平的教师队伍是推动高校可持续发展的重要因素。要想不断促进教师的专业发展，提高教师的专业实践能力，除了依靠教师自身努力外，也少不了外力的参与。

首先，依托有效平台，参与实训，提升高校教师的专业实践能力。

其次，借助信息技术，提高教师的信息化素养，帮助教师建构信息化教学资源库，并将其能够有效运用到日常教学之中，这样才能不断提升教师的信息化教学能力。

（三）加强教师师德师风理论学习

加强高校师德师风建设，应该将高校教师德育素质与职业认同摆在第一

位。高校应该建构完善的德育教育学习培训制度，并不断开展相应的实践活动，从多层次、多渠道建立以师德师风为主题的活动，这些定期的活动不仅能够培养教师的道德素养，而且有助于提升教师的职业道德水平与心理健康。

（四）优化高校教师管理全过程

首先，要想从根本上解决高校教师的师德师风问题，就要从制度入手。有些学校开展了评优考核制度，对于教师的师德进行考核，但是很多时候出现了敷衍了事的情况，因此落实并不到位。对于这一点，高校首先应该将师德考核纳入考核评价之中，建立科学的评价制度。例如，在组织考核时，可以让学生进行监督与评价。同时，也可以设立专门的教师听课评课小组，对教师课堂中的师德师风进行评估，并将这一评估结果与他们的晋升、工资福利挂钩。这样必然会激发教师的师德意识，将自己的教学态度摆正，从而将师德建设与教学研结合起来。

第二节　中华文化认同视野下校园德育工作的开展

在高校德育工作的开展过程中，校园环境是一个不容忽视的因素。大学生大部分时间都处于校园环境中，不管是生活还是学习都受到校园环境的影响。高校德育工作的开展需要对校园环境给予足够的重视，充分利用这一因素开展德育工作。

第六章　中华文化认同视野下高校大学生德育教育的发展动力

一、高校德育环境下的以德治校

（一）以德治校概述

由于学校中"德"的载体不同，可以大致把道德分为教职员工拥有的"师德"、高等教育管理者拥有的"官德"、大学生拥有的"生德"三大类。"治"是指管理、统治、研究、惩罚等。"德"和"治"合用，意为用道德凝聚人心，感化师生，规范校风。从本质意义上来讲，以德治校就是以德育人。

以德治校的主体，一是学校行政领导和管理者（以下简称为"干部"），作为掌握大量教学资源的权力所有者，他们既是以德治校的责无旁贷的主体，更是以德治校的核心主体；二是教师，教师与学生朝夕相处，他们的品德修养、人生价值观取向，以至一言一行，对学生无不起到耳濡目染、潜移默化的影响。教师的言行是学生最好的榜样，教师的道德水平和思想素质是学校向学生施加道德影响力的最核心因素，教师当然成为以德治校的基础性主体。

特别需要指出的是，就个体而言，都有一个终身学习的过程，学校干部、教师既是以德治校的主体，又是以德治校的对象，其个体道德水平的发展和提高也是以德治校的重要环节和健康运行之关键。

（二）以德治校与高校德育工作

1.高校学生德育工作的价值

具体来说，高校的德育工作有如下几点重要价值。

首先，它呼应当今社会发展的需要。当前我国正处于改革的深化阶段，各种矛盾和利益冲突日益显露，多种价值观和世界观交织错杂。为实现社会的持续发展，有必要进行共同信念和理想的整合和打造，对青年大学生进行德育工作是奠定社会持续发展的重要一环。

其次，是学生全面发展的需要。学校作为培养人才的摇篮，除了传播文化知识外，育人是根本性的任务，即要教会学生学会做人。

2.高校德育工作面临新形势

高等教育结构性改革目标尚未实现，德育课教学环节有待进一步的摸索和创新。与改革开放、经济体制转型大趋势相适应，我国自1993年以来推行了全面的高等教育课程体系的改革至今，中国高校的改革和发展到了一个关键时刻。无论是从国内经济社会发展还是从国际竞争的角度，对人才的渴求给中国的高等教育事业提供了前所未有的机遇，同时也提出了极其严峻的挑战。我国对高等教育诸项重大改革的主要目标之一，就是要把计划经济体制下形成的高等教育转化为市场经济体制下的高等教育。在这一过程中，对课程的改革是基础性的工作，又是一个亟待突破的重点，在先后修订过三次的高校德育读本以及相关教科书中，目前还很难说已经达到了改革的总体设计要求，尤其是德育课的教材和教法尚待完善。

3.以德治校对高校学生德育工作的意义

首先，以德治校的总体目标和体制为高校学生的德育工作提供了方向指引和制度保障，使得德育工作渠道多样化、层次化。以德治校的方针一旦在高校得到制度化和目标化，作为以德治校载体的德育工作就有了开展的平台和具体要求，有了确定的目标指引和制度保障，有助于形成学生德育工作的合力，并且极大地突出德育工作的主体地位。

其次，以德治校有助于高校学生德育工作的自我完善，有助于教育对象个体健康成长。以德治校的本质是以德育人，对干部、教师、学生养成高尚的道德品质提出了较高的要求，无论是教育的实行者还是对象，都受到以德治校方针的约束，自我管理行为、提升道德品质对德育工作的自我完善提供了良好的源泉和动力，也保障了德育工作沿着正确的方向前进。

最后，以德治校为高校学生德育工作开拓了更为开放、优越的环境。在以德治校的总体机制中，校园内的一切活动都围绕这个基本出发点和归宿来实现育人目标，这既符合思想工作无处不在的特性，也为思想工作的顺利推行创造了良好的环境。无论是校园基本设施建设还是人文环境的再塑造，都为高校学生政治思想素质的提升提供优越的条件。

第六章 中华文化认同视野下高校大学生德育教育的发展动力

二、中华文化认同视野下高校德育校园工作质量评估

（一）高校教育质量评估体系构建

1.高校教育质量评估的意义

（1）国家教育行政部门转变职能的需要

教育质量评估是加强高校管理的有效手段之一。随着我国教育的不断发展，教育体系也不断完善，教育领导部门的职责也由原来的主导各大高校逐渐转变为对高校进行宏观调控和监督。通过对教学的评估和调控，能够让各高校更加明确自身的办学理念和未来的发展道路，让各项工作井然有序。同时，高校也要从评估中不断积累经验，改变原有教学的思维定式和不足之处，在确保自主权得到充分发挥的情况下，开办符合法律和社会要求的教学。[1]

（2）提高整体办学水平，保证教育质量的需要

随着社会的不断发展，我国高校教育也逐渐普及。各大高校纷纷扩招，在校人数逐年增加。但在人数激增的背后，高校的教育质量和人才培养都出现了一系列问题。要整体提高高校的办学水平和教育质量，必须要充分发挥出高校自身的优势和特长，规范教育管理，不断改善现有的教学环境和条件，解决存在的一系列问题。教育部也在不断鼓励各高校能够通过教育质量评估，找出自身存在的问题和不足，通过教学改革促进教学发展，找到一条能够协调发展的有效途径，开办规模、结构和教育质量都符合社会发展的满意教育。此外，开展正确的教育质量评估，增加高校对于教育特色化的重视程度，在处理各种问题时重视教育教学问题，以发展促改革，稳步提升学校教育水平，将学校的教育程序不断完善。

（3）深化改革，促进教师成长，加强高校与社会联系的需要

要确保教育质量得到提升，必须进行教育体制改革。开展质量评估有利于高校通过评估发现问题，从而进一步审视自身存在的不足，并进行相应修

---

[1] 王卓.高等教育质量评价研究[M].长春：吉林大学出版社，2016.

正和调整。不断深入教学体系的改革，促进教学工作的开展，能够在一定程度上发展高校教育，这是不断深化教育改革的动力所在。此外，通过开展教育质量评估，高校也能够更深层次地认识自身的存在价值和意义，不断提高工作开展的积极性。因此，教育质量评估是一种宏观调控的有效手段。在教师发展方面，教育质量评估也可以激励教师不断提升自我，成长成才，从而为高校培养出一大批经验丰富、素质过硬的优秀教师。高校教育的结果必须满足社会企业和人民，以及学生对于技术发展的需要，才能为教育的发展提供源源不断的动力和源泉。教育质量评估也需要相关部门搜集信息并进行及时反馈，通过反馈进一步完善自身的教学管理体系，为社会发展培养优秀人才。因此，教学质量评估也能起到保持社会和高校密切联系的作用。随着中国的国际地位不断提升，与世界各国的联系也不断深入。我国高校教学不断发展，也会促进中国教育和其他国家的教育不断发展进步，推动世界教育整体向前发展进步。

2.高校教育质量评估的现状

（1）行政干预偏重

现阶段我国高校教育评价体系政府参与明显，这一现象在具体的评价过程中既有优点也有不足。如果政府能够利用自身权威性的身份，将各方力量对高校教育的期待与需求及时传递给教育评价机构，便能够有效推动评价标准的制定和评估工作的快速进行。但是，我国经济形式的不断变化也影响着教育评价工作的进行，经济发展越来越要求有更多的专业技术型人才，因此企业将发展的目标指向了高校教育领域，所以要建立新的教育评价主体，这一主体要体现社会就业对于教育的需要而不只是体现政府力量作用于教育的影响。如果能够丰富教育评价过程中的主体参与，教育评价过程将更有针对性，学校也能更信任其评价结果，以此来改进学校专业领域的设置和课程结构，同时不同主体之间的协调能建立符合大多数人利益的评价标准。[①]

最初我国教育评价活动是由政府带头进行的，这一决定对于改进高校

---

① 秦桂芳.我国高等教育质量评估存在的问题、对策与思考[J].国家教育行政学院学报，2009，143（11）.

第六章　中华文化认同视野下高校大学生德育教育的发展动力

教育状态来说是正确的。但是，我国教育评价活动的开始时间落后于西方国家，来不及进行系统的知识理论研究就将评价体系应用于高校，在实践操作的过程中存在评价技术无法解决的问题，因此需要我国专业学者进行深入的研究和学习才能解决。目前我国处于政府领导下的教育评价状态，对于高校改进教育是有一定进步作用的。由于传统观念和现实需要，国家对高校教育的行政干预被普遍接受，高校高度服从国家管理。但质量评估缺乏科学可靠的理论指导，评估工作停留在表面，无法深入教学内部，无法真正检测教学质量，会减少人们对于第三方教育评价机构评估结果的信任度。

由于政府教育部门直接主导高校的教育发展方向，因此对于高校教育进行质量评价离不开政府。如果政府能够减少参与教育评价过程，社会和群众力量就有机会对评估机构提出自己的建议和需求，使教育评价工作真正走向专业化发展。另外，如果能为高校寻找到新的教育资金投入者，高校就能走出政府的附属部门的范畴，有效减少高校模式化发展的现象。同时，对教育评价过程应该建立相应的独立监督机构，不能让同一主体反复干预正常的教育评价工作，教育评价工作本身应该是客观的，不应成为某一部门的主观性的思想反映，应该加强社会力量参与到教育评估工作过程中，反映民众的意见和需求。

接着应该改变教育评价工作的主体，教育评价过程中的各个主体其地位应该是大致相同的，不能出现一方领导另一方的情况，虽然高校是被评价的一方，但是高校也应该有成员参与到教育评价小组成员中，可以及时跟进评价过程，了解高校的不足，不能只被动接受同一标准的评估，被动地接收政府自上而下的评估结果，这样院校的主体地位才不会没有得到体现。

我国目前对于高校教育的评价仍处于初期发展阶段，在不断变换政策的过程中难免存在一定问题，如果政府能将教育评价所用的高校专业统计数据和具体的评价计划、评价流程公布于众，会大大增加人们对教育评价结果的信服力，要改变目前教育评价工作的死循环模式，应该将评价机构对于高校的检测结果定期向社会公示，给予学生和社会一定的参考性。如果能够根据社会意见形成新的教育评价模式，会加强高校与社会和企业之间的交流，增加高校发展特色化专业的可能性。

（2）社会中介力量较弱

我国目前的经济体制是计划经济和市场经济共同控制市场秩序，这对教育评价活动的影响是教育评价机构从政府教育部门处获得运营资金，在教育评价机构本身有其他的评价主管部门，所以从实际来说教育评价机构有两个管理主体，在对评价机构实行具体政策时会存在一定的秩序混乱问题。所以，针对目前教育评估工作中的主要问题应该采取以下措施：减少政府部门的教育政策对于评价机构评估工作的干预，如果能够将评价权力真正放权于评估机构，评估机构运行体制会更加灵活，评价方案的制定也更能跟得上实际发展的需求，我国的教育评价体系也能够更快地发展。因为目前政府教育评价权力过于集中，所以评价中介机构离开政府之后缺乏运营资金且发展受到一定限制。虽然现在对外已经承认了第三方评价机构的地位，但是在具体评估过程中对高校专业和课程的检测作用发挥得极少。

由于教育评价机构尝试建立属于政府教育部门，在人们心中都默认其管理机构是政府，因此在制定教育评价法律时极少对教育评价的中介机构进行规范。只是在几部寻求教育改革的文件中提到了建立评价机构的重要性，这几部文件的中心思想是提高社会力量参与教育评价工作的占比，将高校教育工作与社会思想基础之间的关系拉得更近，将教育评价的权利交给中介机构，减轻政府部门的工作压力。我国目前进行教育评价改革的方向也是依据这几部文件的思想进行，同时还提倡鼓励私立教育评价机构发展，开展对高校专业教育的评价工作，提高社会民众和政府对于教育评价工作重要性的认识，将教育评价组织的领导人的社会地位提高，不再将其隶属于政府部门下，将教育评价工作真正独立出来，评价过程不受任何力量的干扰，同时结合我国新型教育特色和教育理念，建设带有中国特点的教育评价体系。

（3）评估标准单一化

我国针对高校教育评价体系的不同发展阶段会出台相应的评价方案和评价文件，现阶段的教育评价方案是对各种类型的高校进行统一的成绩性评价，不针对高校开展的个性化民族性的专业展开其他的评价，也不在乎所评价的高校教育基础处于同行业中的何种水平，这种方式在一段时间内保证了我国教育评价体系的平稳运行。但是也导致了一定的问题，高校的特色化专业得不到有效的评估，高校培养人才的方向只能根据评价机构得出评估结

第六章　中华文化认同视野下高校大学生德育教育的发展动力

果，导致目前各高校所培养出的人才学习内容一致且发展方向一致，学生缺乏个性化的职业发展特性。目前，针对教育评价的标准应该进行改进，政府和社会相关机构如果不能将教育评价的标准立足于高校本身，那教育评价标准还是缺乏针对性，要在充分了解各高校历史文化底蕴和相关专业变动的基础上，将各高校进行基本分类，这一步骤是必须进行的，因为分类之后不同类型之间才会有参照比较，同一类型的可以采用相同的评价标准。在我国后来颁布的教育文件中有相关理念符合我们将要建立的教育评价标准的概念，里面提出要建立起适合的评价标准就要先从评价的目的考虑起，对高校教育进行评价本身就是为了帮助高校找到自身教育的不足之处，帮助社会和企业找到符合自身要求的技术和知识人员，共同促进国家经济利益的整体提升。

在世界各国之中教育评价体系较为发达的是美国，之所以美国的教育事业如此发达，是因为美国的经济基础较好且有足够的资金投入教育领域，并且在不同的发展时期采取了合适的政策。各地区教育政策和教育评价制度都根据地区经济状况、受教育情况和民族文化的不同采取不同标准，各地区的教育评价政策都能有效促进高校教育的发展。我们可以从美国成功的教育评价体系中学习经验，如果我国政府能够减少对教育评价过程的干预，评价机构能够根据高校历史文化渊源和专业设置的不同采取不同的评价政策，就能改变我国目前高校专业向同一方向发展的现状。

我国目前发展高校教育评价体系不能再将评价标准固定化，应该根据各个学校的特点发扬优势和地域文化，结合世界各国经过实践检验的先进教育理念，不断完善我国的评价体系和教育体系。如果我国政府不能够建立不同层次、不同类型的学校评价标准，那高校培养人才还是固定的模式化，不能体现人的个性特点，我国教育评价体系仍旧会停滞不前。

（4）评估经费分配不足

世界各国的第三方教育评价机构都是以政府的项目性投资为主要的资金来源，同时政府还要参与高校教育评价目标的制定，教育评价机构便会自然而然成为政府的下属部门。在这一过程中，第三方评价机构会出现由于政府资金没有及时注入其内部而产生的问题。如果政府对给予评价机构的资金合理使用，就能减轻评价机构之间对于评价项目的竞争，有利于将教育评价资源平均分配给各个评价机构。目前政府需要改变资金投放政策，不能因为大学等级高低不同就投放不同的资金，会给各个大学造成一定的发展负担，也不利于地区教育资源均衡分配。

从我国发展高校教育评价体系至今，存在以下特点：政府承担评价机构的所有支出，在让评价机构没有后顾之忧的同时也对评价行为产生干扰，使第三方评价机构的评价行为不能起到真正的作用。目前我国针对高校教育评价体系最应该做出的改变是：减少政府对于第三方评价机构的控制，对于评价机构，应该丰富其资金来源。因为目前给予第三方评价机构的资金都是由固定部门的官员进行下放，在这一过程中由于人是具有随意性的，并且人的思想可能会受到其他因素的干扰随时发生变化，使其不能坚持原本的正道思想，会导致将国家教育评价资金占为已有的现象。在官员内部建立合理的评价资金监督机制和立法规定，能够减少人员的不正当行为，保障评价机构的鉴定结果，对高校改进教育有促进作用。

如果政府对于我国教育评价机构投入的资金充足，那公益性的评价机构和商业性的评价机构就没有本质上的区别了，二者都是对高校教育和专业进行技术评估的组织，不会使教育评价活动由于资金不足而被迫在本质上产生变化。由于第三方教育评价机构评价过程中资金支出较多，因此如果没有政府部门的支持评价机构大多运行不动。我国对教育评价过程中的资金支出进行了改动，对于被评价一方大多数对象是高校，对其收取一定的服务费用来减轻评价机构的资金压力。如果将第三方评价机构的评估人员工资不由评价机构给予而转由政府为其开工资，能够大大减轻评价机构运行的负担，这样评价机构就只需要负责每次评价出行的费用和中间产生的成本，教育评价机构就不需要依附于任何资金方，而成为真正独立于任何势力之外的检验评价机构。解决了第三方评价机构的资金问题，就会减少许多公益性的评价机构经营失败的现象，成为真正对高校、对社会有用的教育评价机构。

（5）评估结果存在主观性

如果不能对学校提供的评价材料的真实性做出有效的判断，下一步工作就无法进行，再加上教育评价机构的专业人员并不认真检查相关文献，那教育评价检查的文件内容可能并不符合高校专业本身，阻碍社会对于高校教育专业性的认识。如果政府能够将高校具体的教育信息公开给第三方评价机构，就能够有效减少评价过程中信息传递的麻烦，能够保证学校提供的评价

第六章 中华文化认同视野下高校大学生德育教育的发展动力

材料的真实性，同时确保评估结果的有效性。在我国教育评价过程的进行中，应该将各主体之间消息传递的时间缩短，同时应该禁止各方面专业人员的随意发挥，尽量将所有评价条款落实于书面，增加教育评价结果的可信度。但是，如果能将评价过程控制得松紧适度，评估人员既能在一定限度内发挥自己的主观意识，评价标准又符合相关规范。

社会上普遍认为学校将第三方评价机构需要的学校内部的相关材料准备好后，评价机构的评估人员不能在规定的评价时间内阅读完学校提供的专业材料，这样对于学校专业的评价就是片面的，但是目前的高校教育评价现状就是如此。如果学校不提供详细的专业记录资料，就视为学校不配合教育评价工作，但是学校将多年的专业历史资料拿出来后，也为教育评价工作增加了一定难度。如果对高校专业的评价检查工作不能够更加高效地完成，是变相地对评价人员增加更多工作压力，也是增加评价过程中的难度。对高校进行某一方面的评价是有具体的时间限制的，所以不可能详细地去看学校提供的所有材料，评价机构只能根据学校提供资料的详细程度来评价学校是否具有专业性。但是在这一过程中也产生了一个弊端，即高校有可能在教育评价的过程中提供虚假的信息材料，从而在评价结果中得到一个较高的满意度。

在我国评价机构评估学校的过程中发现了一些问题，评价机构针对学校的不同专业会聘用不同的评价人员，这些人员多是临时组成的评价小组，评价人员之间缺乏配合，评估过程会出现一定重复的现象，评估工作效率被降低。如果评价机构事先不与学校沟通评价标准，其评价结果可能不满足于学校对于其本身专业的要求，所以应该和学校预先进行沟通制定出评价标准。同时，一种教育评价标准不应该适用于所有被评价的学校，学校内部会有特色化的民族课程等特殊的地方，针对这些部分不应该采用模式化的规定标准，如果不能及时改正评价结果，则会出现不贴合真实情况的现象。

（6）高校教育评估法规体系不完备

目前，世界各国发展高校教育已经不能仅仅满足于对高校教育体制本身做出改动，逐步开始向将其评价过程以立法形式做出规定，通过法律的形式来增强人们评价过程中的约束力的方向发展。经过许多国家的实践评价检验，证明将第三方评价机构的评价过程规定于法律之中，能够明显增加评价人员对自身专业能力的提高。在这种状况下，我们能够发现我国关于规定评价过程、评价方式的立法存在明显的缺失，我国应该跟上国际教育评价机构形式的发展，弥补我国关于此方面规定的不足。

一是关于教育评价过程性的法规条文较少。我国在早期发展高校教育时领先于其他国家提出对教育质量采取检验评价制度，但是我国还没有形成将评价制度确立于法律之中的概念，如果我国还不能针对这一情况加强对教育评价制度的立法规定，会使第三方评价机构评估过程过于松散，人民对于评价机构的评估结果缺乏一定信任度，使我国目前对于高校教育评价体系的建设停滞不前。一开始我国有过一部与教育评价相关的法律规定，但是此规定颁布时间久远，而且制定法规时教育政策的发展远不及现在教育形势的变化大，所以在此规定之中有许多相关条文不适用于现在的第三方评价机构评估过程，需要新的教育评价法律来规范评价过程中各主体的行为。目前人们对于评价法规的了解主要是通过法规中对评价人员、政府教育部门、高校相关专业进行具体内容的规定，将这几方力量责任边界确定清楚。

二是目前现有的评价过程的法规具体语句指向不清楚，在实践过程中由于主体对法规的解释不同，导致无法达到同一评价标准。在各国关于教育评价法规制定的过程中，都会制定一份纲领性的法律和细则性法律，会重点注意教育评价法规实际操作可行性，纲领性法律用词具有专业化的特点，在总体上对各项教育评价过程进行一定约束，细则性法律对评价过程中涉及的具体问题进行较通俗性的解释。在制定教育评价法律时要重点对评价过程中的评价机构人员职责进行明确规定，同时也要将评价标准落实于评价法律之中，保证评估工作进行时的流程和方法固定，结果具有可信度。而且，这些教育评价法律规定一旦确定下来就需要有关部门监督其执行力度，不能只是制定法律，要将其实际应用于教育评价过程中。

3.高校教育质量评估体系的构建策略

（1）转变政府职能，加强宏观调控

我国从发展高校教育改革以来，将高校教育的一切工作都视为与行政工作同等地位，对为高校教育进行教育评价的工作也是非常重视。对于教育评价工作和高校教育发展如此重视还有另一个原因，就是高校教育发展的主管部门和教育评价标准制定的部门都是政府，一旦有政府参与的活动就必须严

第六章　中华文化认同视野下高校大学生德育教育的发展动力

谨对待。让政府参与高校教育活动的各个方面，既有好处也存在不足，因为我国目前的经济政策是希望加大社会市场对于经济的自主调控力，这种经济发展理念也影响着我国教育发展的过程，提倡政府减少对于高校教育活动的干预。政府可以参与教育活动，但只是合作总体政策流程的把控者，不能深入教育评价过程的具体环节，政府如果想要有效地发挥自己的教育权力，制定真正对于高校有作用的教育政策和教育评价标准即可，增加社会其他力量对于高校教育活动的参与，提高民众对于教育结果的信任度。所以，针对目前各方主体都认识到了政府应该减少教育评价活动中参与性的问题，政府应该采取一些措施进行改进。能够采取的具体措施主要在以下几个方面。[1]

一是政府减少具体过程中的行为干预。政府属于高层领导机构，每天日常工作事务繁多，不应纠结于某一问题的细小方面，政府管理的主要对象应该是运行规则，而不是监管教育评价机构和高校本身。政府应该进行的是做好大框架的运行规则的制定，具体的教育评价权力应该给予专业的部门，自己进行间接的监督即可。这样政府的工作精力就能放在更多重要的项目上面，不参与复杂的评价工作也能够避免评价过程中人员的一些不正当行为，提高公民对于政府权威性的信任。另外，如果政府部门担心自己将权力外放之后，会完全失去对高校教育的管理权，可以提前采取对教育评估流程进行法律规范的方式，也可以对教育评价的结果留有自己解释的权利。

二是为避免第三方评价机构产生不正当的评价行为，扩大对高校进行评价工作的主体。政府部门不仅要对我国高校教育领域进行管理，我们生活中的方方面面都有政府管理的痕迹，所以政府对高校教育进行评价这一行为是符合其权利规定的，政府肯定是众多高校教育评价主体中最重要的一方。随着我国经济形势中社会力量的影响越来越大，教育评价活动中如果没有社会力量的参与也会减少一定信服度。所以，社会力量和公益机构开始对教育领域追加资金投入，也希望能够享受通过高校教育带来一定的利益需要，因此想要保持政府是唯一的教育评价主体的现状是不可能的，只有越来越多的利益主体参与高校教育活动的过程中，高校教育的效果才能得到普遍提高。既

---

[1] 董维佳，宋建军.高等职业教育教学质量管理概论[M].南京：南京大学出版社，2007.

然各方社会力量都已经对高校教育进行了一定的前期投入，在教育管理和教育评价的过程中各主体都应该有一定的决策权力，高校教育所得的结果也应均衡地满足各利益主体的不同需要。所以，政府将教育评价的权力分配给其他机构，给予了社会和企业不断发展的自信心，同时对于自身和其他主体的权力可以给予立法保障，政府既能减轻工作压力又能使评价工作更有效率。

（2）加快高校教育评估法制化进程

如果不将高校教育评价的具体过程以法律条文的方式进行明确规定，机构之间的评价行为就会过于随意化，第三方评价机构的独立地位和权利也得不到合法保护。如果高校的评价标准仅由评估机构制定对于高校则不公平，所以政府需要派遣专业学者帮助第三方评价机构制定评价标准，同时将评价标准用法律条文的形式固定下来，减少评价过程中主观性的想像发挥。第三方评价机构还有代替政府对高校教育过程进行监督的作用，如果不将这一权利在法律上给予规定，在执行过程中就会缺乏说服力和威信力。如果法律无法保障评价机构评价过程的公正、公开和透明，那么评价活动便会被其他不可预见的势力所影响，只有一切评估行为依靠法律规定进行，社会群众对于评价机构的评估结果才会更加信任。将评价过程法律化可以从以下几方面入手：一是用评价章程规定好评估人员每日的工作内容、工作检查标准、工作范围；二是将评估过程的具体流程以条文形式固定下来，评估人员在进行检测时可以明确照此执行；三是增加对评价过程中边界性行为的界定，减少评价过程中各方力量的摩擦。同时，不能只制定法律评价政策而不去照做执行，加强对评价法规执行过程中的监督，使评价的法律法规真正有效落实。

当前，我国应该不断丰富教育评价过程中不同流程的法律规定。制定教育评价法规与制定教育评价标准一样，都需要先根据高校的教育专业和课程对高校进行一定的分类，在分类指标的基础上，根据教育层次的不同对高校评价工作进行不同的法律规定，同时要考虑地方学校的特色化专业和民族课程，对此要进行一部分特殊规定。在制定相关教育评价法规时要考虑到，有从属关系的部门应该才更有针对性的法律去规定，同时不同部门之间应该协作共同完成教育评价过程。制定教育评价法规的部门也需要制定一些补充条例解释具体的法规政策，因为教育法规里面全部都是专业名词，社会民众和工作人员理解起来有一些困难。建立细则化的解释规章后能够减轻评价人员

第六章 中华文化认同视野下高校大学生德育教育的发展动力

的工作任务，使教育评价工作更具严格性和信任感，也有利于我国教育评价工作取得阶段性的进步。

（3）不断改进高校教育评估方法和评估技术

加强对一个技术种类进行深入的研究，需要从两方面入手。

首先，是基础知识的学习，而后才是实践手段的练习，如果改进教育第三方评估技术不经过系统的理论知识的学习，技术就是架空的，评价方法在应用过程中会不符合高校的专业要求，评价结果不能反映高校教育的真实水平。我国开始认识到教育的重要性是在西方国家已经在教育领域取得一定进步以后，所以我国对高校教育的评价标准的理解还存在一些不足。但是我国教育历史丰富，与高校教育评估方法相关的其他学科在我国已经有较长的发展历史，我们可以通过阅读教育史料并结合当代各方面力量对教育需求的新趋势建立完备的教育评估方法。

目前我国已经实施的高校教育评价的方法还存在以下几方面不足：一是评价一门专业学科仍然只依据此门学科的相关检验标准。评价一门学科时如果不能结合相关其他专业的质量标准，其评价结果是不全面不专业的，评价应该从多角度和不同主体的需求入手，这样才能检验出该专业的真正教育质量；二是第三方评价机构在招收人员进行评价时，没有严格的人员招录标准，有的新招入的专业检验人员根本不具备此专业的理论知识，已有的检验人员跟不上时代形势不能及时改变自己的理念，一直采用最原始的传统检验方案，这对于一些新兴的专业来说是不公平的；三是弄清楚教育过程中的几个利益主体，根据不同主体对于教育结果的需要建立教育评价的标准，因为高校教育本身就是要满足不同群体对于其结果的需要，如果评价标准没有实际意义，那么评估结果也不具备参考性；四是身处于大城市和县城地区的高校同一专业的检验标准也应该不同，因为二者之间本来就存在较大的基础性差距，所以在建立评价标准时，应该对学校所处地域进行一定调查。

其次，要针对具体的评价方向和内容进行规定并详细评价。我国在一开始进行教育评价工作时就提出评价针对的方向和对象要具体，不能对高校教育的一整块进行评价，评价工作不细致，评价结果就不具备参考性。同时，我国在进行教育评价工作之前还会派专业的技术人员对高校的教育专业数据进行统计，以数据为基础制定相应的详细评价方案，在初期采取这样的方式取得了较为可信的评价结果。但是，在教育评价活动进行的过程中，评价人员逐渐发现影响教育过程的因素有很多，许多影响因素带有很大的主观特点，是不能通过数据分析进行控制的，因此针对初期的教育评价发展来说单纯某一方面的详细教育数据无法真正对评价工作有参考作用。所以，针对无法进行简单量化的教育影响因素采取衡量化的指标，如果这些影响因素是人的主观精神和能力，就可以具体对这一部分人进行分析研究，先确定人的影响能力的最大限度和最小范围，再来进行教育评价数据的统计，这种属于定量性的评估方式，将二者针对的不同方面协调起来能够对教育活动中的因素进行可信任的数据建模。

（4）积极培育独立的中介评估机构

世界各国都在针对本国的高校教育做出不同程度的改变，世界性的进步也为我国建立教育评价体系提供了积极的借鉴作用，要想检验高校教育改革方案是否针对上一次有所提升，就需要对高校教育质量进行评价。经过我国长期的评价活动实践、总结发现，可以通过利用法律规定评价过程中各评估主体的行为和评价流程，建立第三方的监督机构来监督评价机构的行为，减轻政府部门对于教育评价过程的干预度，能够使对高校的教育检验评价更加科学和专业。其中主要进行评价工作的中介机构可以是政府组织建立的机构，也可以是社会力量组成的私立评价机构，目前还新兴起了一种由高校内部教师和专业学者组成的评价机构。但是，无论采取哪种性质的评价机构进行评估都需要确立其独立性地位，确保其运行过程中各项物资和资金储备充足。中介性的评价机构是处于政府和高校之间的部门，其地位的独立性也决定了它是连接二者的桥梁，向政府及时报告高校教育的不足之处，向高校传达政府最新的教育政策理念，通过自身的特殊性质建立起完备的教育质量评价体系。

不能只对教育评价过程的外部进行规定，在内部建设方面也应该进行优化。建立评价队伍时要聘用不同方面的具有专业性的学者和教授，对参与评估的人员受教育水平和职业操守进行严格的规定，因为评估的对象本身就是高校教育学校，如果评价人员不了解高校内部的基本运行规律和知识教育结构，也无法深入校园内部进行教育测评。针对这种状况，我国应该将行业准入制度延续到教育评价活动中，想要进入专业教育评价机构从业需要考取相

第六章　中华文化认同视野下高校大学生德育教育的发展动力

应的资格证明,这样才能严格控制评价队伍的平均教育水平。如果不能及时执行这种资格证明制度,教育评价行业会加剧混乱情况,本来评估人员受教育层级并不高,但是因为其从事对高校教育的评价工作,社会上不知情人士就会抬高其身份地位盲目相信从其说的话,所以应该建立严格的教育评价行业的准入制度,每隔一段时间对专业评价人员进行审查和培训。

（5）对不同层次的高校实行分类评估

由于目前国家能投入高校的资金数量有限,如果不对高校进行类别的划分,资金就不能有合理的使用方向,高校之间便采取不正当方式去争夺政府的款项,因此政府要做到对于学校内部情况非常了解,可以掌握每笔款项究竟适合于哪类学校。国家在进行改革的过程中意识到了高校分类的重要性,因此建立了专业队伍去各个高校内部考察,了解高校的教育历史,建立分类的标准,这样政府就能够保障资金使用是有效的,同时对高校进行评价的第三方机构也能够加深对高校的了解。目前我国高校教育是由政府和社会共同参与,所开办的学校类型比较多,我国各地区政府对于区域内的学校还会采取不同的政策,所以,如果不及时对高校类型和扶持标准做出统一规定,高校和社会都会产生不满情绪。

对高校进行分类的具体规则要服从国家文件的相关要求和高校内部的具体情况,如果不能将适配的教育资源分配于适合的学校,学校就会因为资金不足不能提供企业所需要的技术人员,学生也得不到公平的受教育环境,学校之间原本的差距就会被越拉越大。对高校进行划分的好处还可以避免高校都向同一种类型发展,那样其他方面的专业就会出现断层,对于这一专业的教学很难再延续下去,在高校分类的前期调查中还可以增加对高校民族特色专业的挖掘,带动学校招生人数的增长等。在高校分类标准制定完毕后,对于理科类院校可以增加试验设备投入,对于文科类院校可以增加藏书投入,各有针对地发挥自己的长处使学校有更长远的发展前景。

根据学校办学的大小和直属部门层级的不同,对于高校进行划分时需要实地考察,了解不同高校是否有核心特色的教育课程,是否可列为民族特色学校,掌握高校是不是国家采取重点政策去培养的院校,是不是民间力量创办的小型院校等等。如果不考虑学校的大小和教师的能力水平,只考虑学校服务的对象,可以将高校分为职业类和普通教育类,职业类是针对企业的就业缺口，培养具有专业技术的实践型学生；普通教育类是学生学习其他的实践性不强的专业。在这个过程中如果政府不能将教育资金均衡地分配于各个学校，只依据办学场地规模来投入资金则会影响高校内部的运行秩序，不能真正发展平等的教育，会导致高校之间教育成果相差较大。

还可以根据学校对某一学科的精深程度、入学学生的文化层次和学校专业设置的类型，将学校分为某学科研究型大学、中等还是高等类的学校、侧重于文科类还是理科类的院校。第一种类型的学校主要是对于一个方面有比较多的学者聚集于此，学校这一学科本身就有历史研究记录，再通过学校的设备室和图书库对这一学科研究比较通透。第二类学校主要是根据学生年龄和文化层次对学生教授基本知识的同时，还要让学生学习技术操作。第三类是根据学校擅长的专业是偏向于哪方面，将处于同一大类中的专业聚集在一起，因为每一个专业想要学得精通都不是只学习一个门类就可以。对大学进行各种分类并不是要将高校排出贵贱等级，而是增加公众和政府对于大学内部的了解情况，可以根据分类的不同采取不同的评价和管理政策。

将各个高校根据不同的标准建立分类体系对于社会和教育评价机构开展工作来说都十分有利，各个高校之间教育基础、历史文化底蕴和发展方向本就不同，所以不能用相同的评价标准去衡量。对高校教育进行分类也能够促进国家政府对教育工作的有效管理，这样政府就能够根据对高校数据的统计，了解高校教育过程中的设备和资金需要，不会出现重复投入和缺设备却久久得不到解决的现象，能够增加高校对于政府的信赖度。同时根据高校教育分类的不同制定个性化评价标准，使教育评价的结果更具针对性，让高校能够根据评价结果制定自身的教育改进目标和长期建设方案，再结合高校的地区特色，就能形成与其他高校不同的特殊专业，增加在整个行业的教育吸引力。而且，在原来的评价标准下高校之间会不断攀比，最终培养的人都走向了同一种发展方向，各高校在发展的过程中逐渐没有什么区别。对高校进行教育分类能够使高校认清自己的定位，跟自己比较，不断提高自身的教育特色。

（6）将评估结果与财政拨款挂钩

如果不将第三方教育评价机构的评价结果与政府的教育投入资金相联系，高校在改进教育时就会缺乏动力。高校教育学校虽然有政府投入发展资金，但是政府的资金毕竟有限，而且一个地区内高校众多，政府每次拿出来

第六章　中华文化认同视野下高校大学生德育教育的发展动力

的资金总数是一定的，所以高校如果想要额外发展一些教育项目引进教育设备也需要自己筹措一部分资金。目前我国高校教育院校的经费来源主要有政府专项资金、社会慈善机构捐款和成功企业家的捐款等，在一定程度上丰富了高校资金来源的渠道。对高校内部课程和专业进行改革是一个不断前进的过程，同样也应该将对高校教育质量进行教育评价发展成一个长久的持续的教育行为。在之前政府没有介入高校教育活动的过程中，随着政府将资金投入高校，便开始了对高校教育过程和教育结果的干预，目前也要规划好政府投入资金的时间和数量，高校也要做好资金使用计划，将资金使用过程透明化。而且，在世界其他国家发展教育时都需要先对教育进行投入，投入的部门通常是与教育结果有很大影响的各方群体，他们希望通过为教育投入资金使教育的结果更符合其实际发展的需要。

我国高校更新学校内的教学设备、聘用教授级教师和学校内部行政管理的各项开销资金主要来自政府、教育慈善机构的捐款和企业的项目投入，在这几种资金来源中，政府对学校教育的教育投入是占大部分的。但是就国家每年对各种项目的投资总数来说，对学校的投入只是其中的一小部分，因为目前生产领域是能有效提高国家收入和人民生活水平的部分，所以国家的大部分资金会流入生产部门。在这种情况下如果政府投入学校的资金不能得到有效的利用，高校不能很好地改进教学方式，便会使得教育不能满足社会对于专业人才的需要。所以，高校目前想要发展教育主要可以从两方面入手：一是为自身寻找新的教育改革经费的投入者，另一个是将有限的资金进行最大限度的使用。目前各国之中只有英国教育资金的使用最有效率，英国建立的资金使用制度具有很高的实用价值，其政府设立两个教育管理机构，针对学校教育类型的不同，投入不同的教育款项，其核心理念就是将涉及资金的项目根据一定标准分配到不同部门去管理，减少过程中的成本。

（二）高校教育质量监控体系构建

1.高校教育质量监控体系

（1）组织建设

根据我国目前的教育发展实际情况，可以将高校的教育质量监控体系分为三个层次：校级教学质量监控机构、学院（系）教学质量监控机构、教研室。校级教学质量的监控机构主要由校长、指导委员会和教务处三者构成，是整个教学质量监控体系中的"核心"。它对学校开展的教育工作做出整体的把控和监督，制订相应的教学质量监控方案和措施，对各教学单位的教育质量展开科学合理的评估，也能够为师生在教学过程中遇到的问题提供咨询和帮助。在这个组成结构中，教务处是教学质量监控活动的主要行为机构，对教学工作监控起到了重要作用。

学院（系）教学质量监控机构由专业指导委员会、系主任以及教学主任等人员组成，是整个教学监控过程中的主体。其在监控过程中主要是对各专业的教学计划和安排进行检查，教学环节是否合理、教学计划是否完善、教材是否符合课程内容，还包括对教学计划和教学大纲的审核。教研室在监控环节中主要开展基础性工作，如检查各教学环节的过程和教学效果，搜集相关信息并给予及时反馈总结，开展各式各样的活动等。

（2）制度建设

高校教学质量监控制度建设主要由如下三部分组成。[①]

第一，常规教学制度建设。常规的教学制度包括与教学要求和教学方式等方面相关的制度，主要起到规范高校教学形式的作用。目前我国高校的常规教学制度主要集中在教师的管理和教学的两个管理方面，并未涉及过多的评价体系和各类工作人员的职责问题。一部分高校虽然制定了相关完善的常规性教学制度，但并未充分发挥各部门之间的协调作用。高校的各职能部门主要职责是管理，各教学单位的主要职责是教学。因此，各职能部门所提出的相关意见和建议必须结合各教学单位的实际情况，而各教学单位在教学过程中遇到的困难和问题也应该参考各职能部门的意见解决。

第二，教学督导制度建设。由于教学督导工作在我国各高校实施开展的时间并不长，在社会快速发展的背景下，更应该不断加大教学督导的力度，这是完善高校教育质量监控体系的重要途径。要保证教学督导取得成效，就必须制定科学合理的教学督导制度。为了促进高校的教学质量不断提升，各

---

① 吕红.高等教育质量标准体系评价与创新研究[M].北京：科学出版社，2018.

第六章 中华文化认同视野下高校大学生德育教育的发展动力

高校都根据各自实际情况构建出了相对完善、具有特色的教学监督制度体系和规则。这些规则主要是以校规的形式呈现，包括教学督导的理论指导、工作目标、工作原则、督导方式以及教学督导员的选聘、职责和考核制度等各方面内容。通过建立健全督导体系，不断规范教学工作的开展，保证教学工作的质量和成效。部分高校的教学督导人员主要由学校的离退休教师担任，这些老教师教学经验丰富、对工作尽职尽责，但其采用的督导形式主要以听课为主，在当前各方面迅速发展的形势下显得较为单一。作为听课对象的年轻教师也会压力倍增，失去自信和动力。因此，在教学督导团队成员的组建上，可以吸纳更多的角色如行政人员、后勤工作人员、学生等参与进来。

第三，教学信息反馈制度建设。教学信息反馈制度对于提升高校的教学质量也起到举足轻重的作用。各大高校也对当前的教学反馈制度提高了关注度并不断加强和完善其制度建设。通过开展座谈会、反馈信箱和面对面交流等形式，使得高校对被评教师的教学工作开展、教学质量、教学过程等方面都有了相对全面的了解，并督促被评教师不断改进和提升，有效提高了教学质量和成效。此外，各校也充分利用现代信息化技术手段对信息进行全方位、多角度的搜集，并给予及时反馈，如时下流行的网上问卷测评等形式。但无论是采取传统常规的方式还是网络形式搜集信息，都必须要保证信息的真实性、可靠性，并对这些信息进行分析整理，及时反馈，将教学过程中存在的问题切实解决，不断提高教学质量。

2.高校教育质量监控的现状

我国高校的教学质量监控体系还存在着一系列问题，主要有以下三个方面。

（1）监控理念落后

我国部分高校的教育质量受传统教育观念影响较大，没有因为高校教育的不断发展及时做出调整和完善，导致教学质量监控体系发展停滞不前，主要表现在以下几个方面。第一，教学质量监控并未真正履行"监控"任务，部分高校对教学质量监控体系的使用主要集中于"评价"，而非"监控"。纵观各大高校的教学质量监控体系，主要集中在评价环节，并未正确起到监控作用。然而，监控真实有效，才能够对教学过程展开科学合理的评价。没有完善的监控制度体系，难以搜集准确、全面的信息，延长了信息处理的时间，教学评价的延续性受到破坏，无法实现常态化、制度化。第二，许多高校在设置教学质量监控体系时，盲目照搬其他学校的监控体系，没有充分结合自身的办学理念和特点，无法促进教学质量监控体系的发展，进而也无法实现教学质量的得升。

（2）目标缺乏系统性

在分析部分高校教学质量监控的目标后发现，许多高校设置的监控目标缺乏一定的系统性，主要表现在以下四个方面。第一，总目标与分目标之间没有相关性，关系尚未得到厘清，人力、财力及物力等物质资源没有得到合理规划，无法统筹各个部门和教学单位开展教学质量监控工作。第二，目标不具体。总体上看，各校的教学质量监控目标都存在形式化现象，监控工作浮于表面、流于形式，只是走过场，并未真正落到实处，获取到的信息无法保证其准确性，执行力不足。第三，目标分散。部分高校采取的依旧是传统的教学质量监控体系，注重知识的输入和输出，忽视了教学过程的监控。第四，目标缺乏系统性。由于没有系统的目标，高校的教学质量监控体系过分注重教学的监控，忽视了实践环节部分。

（3）监控标准被异化

我国部分高校实际绩效管理，强调课程的评价体系，通过对教师进行评价，充分发挥评价的鉴定功能，并对评价对象进行量化和排名。这种做法并不符合教学质量监控体系的指导原则，将教学质量监控看作高校实施管理的工具，无法实现教学质量监控的诊断功能、激励功能、改进功能和导向功能，在一定程度上异化了高校教学质量的监控标准。如此一来，教师的发展也受到了阻碍，无法充分发挥教师的明辨能力，不利于教学质量的提高。

（4）岗位职责标准模糊

为切实做好高校的教学质量监控工作，有关部门和人员必须按照责任义务严格落实相关工作，更好地开展相关监控活动，不断提高教师的积极性，提升教学质量。但实际情况是，高校制定的教学质量监控体系中的各人员岗位职责并未充分明确，没有遵循"全员、全过程、全方位"的基本原则。工作人员没有正确认识到自身的职责，只将教学监控活动局限于师生之间，无法促进教学质量监控的发展。教学质量监控工作本应贯穿于整个教学过程，

第六章　中华文化认同视野下高校大学生德育教育的发展动力

但由于监控目标不明确,导致信息的搜集和反馈不及时,评教制度、评价制度等都不够完善,没有真正把教学质量监控活动落到实处,并且带有极强的主观性,难以将监控工作贯彻执行。

(5)学生参与程度较低

在我国高校的教学质量监控过程中,教师受到了足够的重视,但学生群体却一直没有充分参与到监控过程中。许多高校都认为,只要有了综合素质过硬的师资队伍,就能够有效提高教学质量。但教学质量的高低,其根本是用学生的全面发展作为衡量标准的。因此,教学质量的监控也应该充分考虑到学生在教学过程中的信息反馈作用。然而,许多高校都并未意识到这一点,无法实现高校的自查整改,走入了教学质量监控的误区。有部分院校虽然在教学质量监控的过程中融入了教师和学生,但在信息的反馈方面只集中在教师的教学设计和教学的完成程度方面,忽视了学生在教学监控过程中的自主性和积极性。事实上,高校教学质量的监控体系并未充分考虑到教师和学生在教学过程中所扮演的重要角色,没有充分调动师生的积极性。在进行相关制度的制定和活动开展时,没有详细规划,没有持续提升教学质量,无法提高教学质量监控的实效,进而无法提升高校教学质量。

(6)监控存在缺位和失衡

我国高校教学质量的监控体系的缺位和失衡现象较为明显。缺位主要是指制度和机构的缺位。制度缺位指高校在制定教学质量监控制度时,虽然结合了自身的实际情况,但在真正的实际过程中,相关部门和教学单位只停留在表面,应付检查之后便不再严格按照制度落实。在出现监控不力的现象时,也会受到各种人为因素的影响,没有采取"就事论事"而是"就人论事"的原则,将监控制度视为无物,无法保证制度的威严,规章制度沦为一纸空文,并未有效发挥制度的约束作用。另外,机构缺位主要是指各监控机构专业性不足、职能体系不健全、无法体现自身特色等实际问题。高校的各个监控职能部门没有清楚认识到各自的职责,没有充分发挥各自的作用。

高校教学质量监控的失衡主要表现在以下几个方面:首先,过于重视对理论教学的监控,缺乏实践教学的有效监控;其次,过于重视对课堂教学的监控,缺乏对其他环节的监控,无法真正将教学检查落到实处;再次,过于重视监控教师,缺乏对学生的严格监控;最后,过分重视对教学的水平和实际教学效果的监控，缺乏对学生的综合素质和能力的监控。

（7）信息运行机制不完善

在开展教学质量监控相关活动的过程中，由于受到信息不对称的影响，搜集到的信息无法保证真实性，没有给予及时的反馈，造成了"监不能控""监而不控"现象频出。此外，教学质量监控搜集到的信息覆盖面小，信息过于片面，不具有代表性，没有对相关信息反馈引起足够重视。由于不完善的信息运行机制，造成了元监控（对教学质量的监控）不足，高校无法根据这些部分信息做出合理的判断和及时调整，是否符合自身的发展情况，是不是合理的监控流程，是否能够取得满意的监控效果等一系列问题都会严重阻碍教学质量监控体系的正常运作。

（8）监控缺乏长效机制

高校教学质量监控长效机制的缺乏主要分为职责分工不明和效果反馈滞后两个方面。在职责分工上，高校的教学质量监控相关部门没有认清教学质量监控的各种职责，没有摆正作为监控人员的位置。相关工作人员日常工作烦琐，没有过多时间开展教学质量监控工作和相关研究。许多管理人员还保留着传统的教学观念，认为教学质量的高低是由教师决定的，作为管理人员只是辅助教师开展教学活动。这种旧有的观念也让相关管理人员在开展教学质量监控活动时过于懈怠。管理人员在教学质量监控过程中的职责履行会受到其知识水平、教学观念和综合素质的综合影响。此外，学校与各基层教学单位的关系也没有得到充分的厘清，没有呈现出各教学单位的独立性和自主性。许多高校在开展教学质量监控活动时，既采取了宏观手段，又从微观层面对各单位的教学过程加以干涉，无法充分发挥各基层单位的自主性和积极性，严重阻碍了各单位教学质量监控活动的开展，也无法促进教学质量的提升。

（9）监控的反馈落实不够

教学质量监控是为保证教学质量而开展的，能够更直观、全面地发现教学过程中存在的问题和困难。但部分高校的教学质量监控中的诸多反馈信息却流于形式。首先，对学生进行评价时，多数采取分数或者等级的形式，学生提出的一系列整改意见和建议都未真正出现在监控职能部门层级。其次，在进行搜集教学质量监控相关信息时，没有对信息进行分门别类，便将其直

第六章　中华文化认同视野下高校大学生德育教育的发展动力

接传递给师生。因此，师生在接收到相关信息后，也无法科学地筛选出有用信息，甚至还会产生消极的影响，如教师可能会认为评价分数低的学生不认可自己。与此同时，笼统地反馈信息使教师难以找出教学的薄弱环节，也就无法采取针对性较强的改进策略。

3.高校教育质量监控体系的构建策略

高校教学质量监控体系的优化过程是一项全方位、多层次的系统性工程。要推进高校教学质量监控体系的不断发展，只有与时俱进，牢固树立起发展进步的创新意识，形成"全员参与、全程覆盖、全方位育人"的教育模式，由浅入深，循序渐进。

（1）把握教学质量监控核心理念

把握好教学质量监控的核心理念，首先要树立牢固的质量意识。构建高校教学质量监控体系的终极目标是要不断提升人才培养的质量，体系中的各个环节和方面都要根据这个目标展开。在运行高校教学质量监控体系时，要对体系中出现的问题和现象不断反思，积累经验和教育，及时发现问题并做出正确调整。此外，构建高校教学质量体系也要将人才培养的质量和效益有机结合起来，以学生、家长和企业的就业满意度作为参考，检验教学质量监控体系是否真实可靠。

其次，要明确教学质量监控的目标和标准。在开展高校教学质量监控活动时，相关部门的管理人员都要对各自的职责有准确的定位和明确的目标。高校可以按照现有的教育相关制度和理念，结合自身的特点有针对性地制定出教学质量监控的总目标和各个分目标，并将各个目标落实到各个职能部门。高校要进一步把各部门的工作职责和制度规划清楚，以免引起不必要的资源浪费。此外，高校在开展教学质量监控活动时，必须要有清晰的标准，包括动态标准和静态标准。动态标准主要体现在活动开展的过程中，静态标准主要体现在活动的结果上。比如，在对学生进行监控时，目标体系既要涵盖学生对教学的满意度，也要将教学育人的成效包括在内。标准除了要有稳定性之外，也要对其及时调整和完善。在完成一个监控周期后，要根据监控结果所体现出的问题及时地对监控标准做出调整。

最后，要制定规则和不断创新。规则主要是指高校在教学质量监控体系的构建过程当中，要按照一定的规则对各项工作的流程和要求提出明确要求。要不断推进教学质量监控活动的开展，在全体教职工人员和学生群体当中牢固树立起规则意识，要求其以规则作为行动引领，所开展的一系列相关工作都要以此规则为前进标准。创新是指高校要不断对自身的教学质量监控体系进行创新性的改进，在结合自身特点和借鉴其他高校的有效经验的基础上，不断完善自身的监控体系，在校内成立专门的教学质量监督组织。因此，高校在构建监控体系时，不能盲目照搬其他高校，要充分结合自身的办学理念和实际特点，以问题为导向，在遵守相关规则和发展规律的情况下，对监控体系不断地进行创新和完善。

（2）提升教学质量管理的信息化水平

目前现代信息技术蓬勃发展，给各行各业都带来了实质性的影响。教学质量监控也要充分与现代信息技术有机结合起来，通过相关技术手段对信息进行科学的搜集和分析，不断提高监控成效。因此，高校在进行教学质量监控时，也要不断提高教学设施的信息化水平，结合学校特点努力构建人才培养的数据采集和管理平台。数据采集与管理平台是体现高校人才培养实效的重要标准，能够将高校的办学情况和人才培养效果直观、全面地展示在大众眼前，学校能够更全面地掌握每个学生的就业情况，为高校监控教学效果提供了坚实的基础。

促进高校的人才培养数据采集与管理平台的建设，充分体现人才培养数据信息对教学质量监控的积极促进作用，主要可以从以下几方面进行。其一，高校要不断对人才培养信息系统进行调整和完善，及时更新相关数据，确保数据的准确性和时效性，教学主管部门系统的相关数据和校内平台的人才数据需要保持一致。因此，要努力组建一支高水平的信息人才队伍，为学校开发出人才培养数据系统，同时要结合自身的实际情况，不断完善系统功能，及时整理、补充、完善相关数据，构建起科学合理的质量预警体系，将影响人才质量的不利因素减到最少。其二，高校要不断优化和完善信息的搜集方式，制定科学有效的信息搜集制度，努力从数据源头采集第一手数据。构建人才数据库，从原有的走过场的数据采集形式逐渐转变为主动采集并持续完善，从容应对数据的缺陷和不足。其三，要结合实际情况制定出科学有效的数据处理制度，对搜集到的数据进行科学正确地分析和整理并不断

第六章　中华文化认同视野下高校大学生德育教育的发展动力

改进，对各教学单位的人才培养效果做出科学客观地评价，形成"实时、动态、共享"的数据评价体系，不断促进教学质量监控体系的发展，切实提高教学质量。

（3）培育现代高校质量文化

在实际的教学实践中形成学校所有成员普遍认同、科学稳定的群体意识、目标、标准和评价体系所形成的集合，成为高校教育质量文化。高校教育质量文化的发展已经逐渐成为高校教学质量监控体系的一个重要方向。高校教育的质量文化呈现出"金字塔"结构，从上到下主要是：精神文化、制度文化、行为文化和物质文化。因此，要培养出高质量的高校教育文化需要重点从以下四个方面着手。

首先，构建物质文化。高校的物质文化层面涵盖范围广，具有职业指向，主要分为校园设施文化和校园环境文化，体现出学校的办学理念和综合水平。校园的设施文化主要指学校的各类建筑、楼宇、装饰等，环境文化是指学校的生态环境、资源以及合格发展等方面文化。校园的设施文化和环境文化都对高校的教学质量监控和人才培养起着积极的影响作用。

其次，打造行为文化。高校的行为文化主要指各类活动，包括教学活动、课外活动、社会活动等。行为文化体现着学校的文化氛围和人文风貌。

再次，凝练制度文化。制度文化能够约束高校的管理，使其不断趋于标准和规范。高校的制度主要包括各类组织运行机制和管理体系，是文化建设的重要组成部分。

最后，弘扬精神文化。精神文化作为文化建设的核心，具有一定的隐现性，主要是指各种形态观念和心理建设。对于高校来说，精神文化的具体化形成了校风，精神文化的核心则是校训。因此，要不断传承和发扬学校的精神文化，明确学校文化建设的根本目标，找准关键，通过文化熏陶不断将人才培养的目标落到实处。

（三）高校教育质量保障体系构建

1.高校教育质量保障体系

我国新颁布的教育法律对高校教育发展到何种程度提出了具体要求，结合我国经济发展现状，需要进一步采取过渡性举措，有计划、有目的、有层次地实施。对高等教育质量保障治理体系进行改良与建设，不仅对教育质量做出理论性的规定，还针对操作实践确立了新的长远性发展目标。①

在管理体制方面进行改革，对政府进行权力简化，放权于高校和社会群体对高等教育质量进行评估，政府可以对整个教育质量评估做总体把握。

政府在统筹评估工作方面，要聘请专家团队对各种类型的评估机构的评估过程进行监督和专业咨询，建立行业评估准则，健全高等教育质量评估体系。

在评估机构的内部组织方面，要以政府的政策方针为主，建立专业的教育质量监督服务部门，让各方力量一起促进高校的教育质量向更高水平发展。

目前，我国采取多种方式对高等教育工作进行整改，提高高等教育质量保障体系是教育行政部门的重要工作。事实上，只有解决各自为政和政府过于集权的现象才能使社会型评估机构发挥效用，完成高等教育质量评估体系的建立。政府想要改善教育质量评估体系的解决方案就需要上行下效，社会评估机构从旁监督，即加强国家教育的监督和指导，成立中央咨询组织，加强决策指导和统筹协调；教育部对质量保障与监测评估实行"归口管理、统筹实施"；坚持分层评估、多个社会组织、社会结构共同进行评估，整合国家教育质量监测评估的资源；中央教育部门负责传递解析国家教育理念，地方性政府的工作任务主要是制定评估原则，积极推动有资格有价值的评价组织机构参与到高校质量保障体系评估项目中，创建管、办、评分离，构建公共治理教育新格局。

2.高校教育质量监控的现状

从世界各国改进高校教育质量保障的经验中，我们可以发现质量保障的主体永远不可能是一个部门或机构，保障的组织也是多类型的，主要有以下几种：行政性主管部门、专业性评估机构以及社会性相关组织。将组织结构进行分类能够有效地明确各个组织部门的责任和义务，有效监测教评双方在

---

① 孔英.高等教育质量保障体系的理论研究与实践[M].沈阳：辽宁教育出版社，2017.

第六章　中华文化认同视野下高校大学生德育教育的发展动力

教学活动过程中的行为。因为涉及教学活动中的各个主体其本身的社会义务不一，各个主体的特征和功能作用也不相同，所以要明确各个主体的地位和责任才能推动高校教育质量保障体系得到完善，相反，主体内部的角色和责任出现混乱时，高校教育体系就无法运行，各个组织部门不能配合完成相应任务。

（1）行政性主管部门的问题

结合世界高校教育质量评估体系的发展历史，可以发现政府始终处于评估体系的核心地位。无论其他教育评估机构的评估方法如何，评估标准始终是以政府制定的标准为主，政府权威性地位依然存在。这种评估模式影响政府机构部门的变革，同时也阻碍专业的教育质量评估机构的发展和社会力量参与高校教育的发展，使高校缺乏自主管理权，具体来看有如下几点。

一是政府身上所系权力过多，不仅要管理高等院校的发展情况，还要对高校教育质量做出评估检测，使其他主体对于高校教育管理的权力下降。自从人们开始重视教育，教育行业开始快速发展，顺应计划经济的发展，政府不仅主管经济，还主管高校教育发展，政府成为真正意义上的高校领导者和质量评价者，这种高校教育管理模式阻碍中国教育质量保障体系的改革。加之，政府部门的权力过于集中，行政控制力较强，学校很难真正做到自主办学，学校的权力被弱化，政府权力过大会导致教育体制无法进行改革和创新，阻碍了高校与社会的联系和互动，降低了社会专业人士参与教育改革的热情，使高校无法全面认识到自身教育模式的问题。这种以政府为主体的评估体系是单一化的，阻碍了市场和社会进入高校活动当中，阻碍了高校与社会各界各企业间建立联系与合作，阻碍了高校内部质量保障体系的建立和完善，不利于社会对高校进行监督，削弱了社会和企业帮助高校进行建设和交流的积极性。这种政府集权的管理体系既阻碍了高校自身的发展和进步，也阻碍了高校与社会各界的联系和交流，不利于构建政府、高校和社会的新型关系。所以政府要积极推行简政放权政策，不断强化高校的自主办学权力，让高校对于自身教育情况有一定的发言权，可以不通过其他外设的评估机构就能了解高校自身教育活动中存在的问题。

二是政府下属各个部门各司其职，各个机构相互独立，而教育质量评估类型众多，每个部门采取不同标准评价高校教育发展情况使学校难以应对。

在《高等教育法》中，明确教育质量评估的法律依据，规定唯一的教育质量评估主体是政府，这部法律的出现解决了一部分政府评估机构职能重合的问题。随着我国教育教学理念不断更新，各个学科向更深领域拓展，专业设置更加细化，为了大幅度提升高校教育质量的发展，教育部和各级院校设置教学委员会和教学质量检测委员会等，对学科的专业性和教育教学风气进行评估，促进了高校教育事业的前进。但由于评估机构设置过多，会出现一定的评估乱的问题。目前对高校教育主要进行以下几方面评估：学科专业性、实验室建设条件、校风学风、校园环境等，这些评估种类过多且有重复的评估。所谓的"乱"，就是评估的规则和标准没有得到统一，各部门的协调工作不到位。各个教育行政部门都有权力进行评估，但是由于各个部门组织的评估标准不同，评估的结果也会存在冲突，也就会出现基层工作得不到良好的处理。而且一些评估标准和规则都是由行政部门组织专家进行研究来制定的，这些评估标准都带有一定的个人情感和偏好，不一定具备专业的教育培养要求，阻碍高校教育向高质量发展。评估的"随意"是评估主体对评估对象进行检测时没有经历完整的评估流程，没有科学理论作为依托，评估带有个人主观意志，这种评估方式阻碍了政府评估机构的基层分级管理和高校的自主教育权利。

三是在法律上政府仍是教育质量评价的唯一主体，由政府组织建立教育评估部门不利于政府改变职能发展方向。政府过度的集权导致评估权力被垄断，评估带有一定的行政管制色彩，评估专业机构和社会其他部门组织在评估中的地位较低、作用较小。而且，政府对评估过程和结果有直接管控的权力，政府对评估的管控直接体现了自身的意志，并且会通过评估标准、规则对高校进行一定的管控和制约。政府的评估涉及很多方面，如课程设置是否符合各专业发展要求、学校申办建立的程序是否合法、毕业生是否全部符合就业岗位需要等。这些在评估考核时都会影响评估结果，这些标准过于刚性，就使对高校教育质量的评估出现不科学、不合理的问题。所以，评估机构也是帮助政府管理高校的部门，目前我国以政府为主导的评估方式在相当长的一段时间内不能改变，这就会导致一些高校为了达到标准而忽视自身特点和优势，增加了办学压力，事务性工作过多，而且政府在宏观管控上的管理范围加大了，导致管理不到位，使微观管理过于繁杂。政府一般只和机构

第六章 中华文化认同视野下高校大学生德育教育的发展动力

规模较大的评估单位合作，小型的评估机构即使政府将任务派发给这些机构，但其自身能力不足，也很难独立开展评估活动。这就是由于自身能力的不足，阻碍了专业评估机构的发展，自身的评估地位和评估能力无法得到提高。

（2）专业性评估机构的问题

尽管我国高校教育评估机构在当前有了良好的发展和进步，但是在总体上与我国建立健全高校教育质量保障评估体系的目标存在着很大的差距。吴启迪认为，评估专业机构存在的问题主要有如下几点。第一点，独立性不强。专业性评估的隶属关系、项目委托以及经费来源等问题都会影响到专业评估的标准。现阶段行政部门对评估机构的影响很大，自身缺少独立性。第二点，专业性不强。评估机构自身的管理不足，专业人员较少，专业知识、专业素质较低，评估队伍力量较弱，评估理论、评估技术不完善，对于评估方案、评估标准、评估方法等都会产生影响，而且一些评估机构在评估活动中担任着管理者或服务者，这也是政府部门不能将评估工作完全交给评估机构的原因。第三点，职能发挥不足。在一些评估机构活动中，仍然依据着专家的标准，缺乏自身的专业标准和专业手段，很难制定出一套完整的、科学的评估报告。综上所述，评估机构很难发挥自身的作用，在专业性和不可替代性上存在着一定的问题。

（3）社会性其他组织的问题

在国家规定的评估体系中，政府始终处于中心地位，政府建立的评估机构在质量保障体系中发挥主要作用。随着政策改革高校和市场力量加入评估体系，几方力量一起对高校教育质量保障进行系统评估。但在实际的质量评估过程中，社会性的评估机构还存在以下问题。

第一，社会组织的参与度严重不足。随着国家政策对政府的要求逐渐变化，政府开始放权于下层组织部门，使社会力量与政府融合共同建立评估机构。高校在自主权力扩大之后，教育发展方向需要结合市场社会的实际需求，提高高校办学质量和行业自律管理能力。社会要对高校提出自主办学的要求和质量标准，高校自主办学也要符合社会经济发展的需求，紧随社会发展进步的脚步，加强高校和社会各界的教育互动和教育合作，借鉴国外教育机构的卓越成果。在社会经济持续增长的形势下，我国对社会上的评估组织机构的重视度以及认同度不高，尽管成立了专业的评估机构，但在学术型、行业型、科学型等知识和能力上存在欠缺，能够做到这些要求的评估机构较少。但事实上，在政府组织的评估机构项目中，缺乏社会各个领域和行业的专业评估人才参与到评估项目中。这与建设服务型政府要求，以及与《教育规划纲要》中提出的"积极发挥行业协会、专业学会等各类社会组织在教育公共治理中的作用"有较大的反差。

第二，专业评估和认证处于分散状态。在政府开始将评估权力下放给高校自身和社会时，出现了各种类型的评估机构，这些评估机构没有统一的办事条例，其评估标准不具备专业性，评估结果还存在一定问题。近几年政府针对这种现象，重新制定专业的评估标准和认证文件，并派遣相关专业学术团队加入各个评估机构开始评估试点，最先采取这种政策的专业是理科机械化技术专业方面，政府新颁布的这些举措将这几个试点专业重新纳入发展正轨。

第三，民间各类大学排行混乱无序。在我国当前教育行列中，人们衡量学校教育质量好坏的重要条件就是每年高校的排名。高校每年为提升自己的教育质量和排名次序，会邀请社会力量加入教育质量评估和教学过程，在各个方面的大学排名中，比较有公信力的是中国校友网、《中国大学评价》和网大等，对高校进行排名是可以激励高校办学热情的。随着现代社会经济发展趋势迅猛，社会和市场对人才的需求逐渐多样化，每年不断更新质量评估标准有利于保障高校教育发展质量，保障高校每年培育的高质量人才数量，为社会提供有价值、有质量的信息和服务，促进各大高校间合理竞争，不断提升自身的教育水平和教学质量。但实际上，大学的排名存在着一些弊端，公平性、公正性还需要加强。一些排行榜的数据来源并不正规，数据来源不可靠，统计的内容方法并不完善，信息的准确性不高，信息的时效性不强。有的还存在着一些暗箱操作和一些名利交易等行为，这些行为的目的都是为了提升自己高校的排名，但是这种行为是错误的，很容易引起大众的反感。社会各界对待这种排名的态度褒贬各异，大学排名逐渐走进大众视野，成为热点话题。

第六章 中华文化认同视野下高校大学生德育教育的发展动力

3.高校教育质量监控体系的构建策略

（1）政府从评估垄断者向规则制定者转变

根据新的教育质量评估体系发展情况来看，政府在评估过程中的社会角色发生了转变，原来由政府统一进行教育质量评估的方式已经不能适应当今社会对高校教育质量的要求，政府由唯一的教育质量评估机构变成了教育质量评估标准的制定者，将评估权力转移给专业的教育质量评估机构，政府选择性行使评估权，这样有利于让高校教育质量评估进入专业化行列。

从各国行政管理体制改革来看，高校教育质量保障的高度集权在于国家政府在市场调节中的作用，教育评估机构要听从政府部门领导在多方面对教育行为进行的规定。政府教育部门根据市场就业情况指导高校培养人才的方向，做好教育结果的监测工作，在一定程度上给予高校办学授课的自主权。强化政府在评估中的作用，实行高校教育质量保障高度分权，能够利用行政权力对高校教育结果进行评估，政府部门还可以通过法律手段对教育活动中不合法的行为及时制止，保障学生教育权，这是其中的一点。第二点是政府不再是以自身为高校教育利益和需求的唯一合理代表，加快政府职能转变和加强质量管理的有效策略的依据是高校教育质量保障。各国政府职能转变的实质是：政府集中精力和智慧，能够做好自身的工作，保障权利和义务充分的发挥。因此，政府做到简政放权，将高校教育行政部门的权力转移给高校教育评估中介组织，鼓励高校教育评估中介组织改革和发展。一方面，政府要制定相关的政策和法律法规，明确评估的规则和标准；另一方面，政府要加强对高校教育评估中介组织的引导和规范。

我国教育管理体制的特点和传统决定着高校教育质量管理的主体一直是政府，政府拥有绝对的权力，在政府集中管理高校教育的情况下，政府的评估结果在社会上具有较高的公信力，政府在教育活动中具有重要的作用，能够在教育资源配置中起到良好的效果。随着高校教育体制改革，政府将更多的教育监督权力交给中介评估机构，自己做好统筹安排，做总体规划者。同时，加强对高校教育质量的监管和服务，让政府从"管理型"向"服务型"的方向发展，从"划桨者"转变为"掌舵者"。

按照我国的发展规律和国情，中介性组织的建立和完善工作要保证有政府的指导和扶持，在政府的推动和引导下，中介性评估认证机构才能够存活下去。这些机构的主要经济来源就是政府购买以及财政扶持，还有一些培训政策的支持，只有在资金上能够有所支持，才能保障中介性评估认证机构能够发展下去。政府积极地将高校教育质量保障中的"错位"与"越位"的职能转移给中介性评估认证机构，通过合同、委托等方式与中介性评估认证机构进行合作和交流，对高校教育进行公共治理，共同对评估结果产生影响。根据实际情况来说，政府应该更多地将目光放在分配教育资源、制定各阶段教育政策和教育结果审查上，明确这种现象会引起的政策导向。政府能够制定符合高校实际教育情况的法律文件，稳定评估过程中各行为主体的评估活动。并且，能够依据法规对教育评估机构的评估行为进行检查，增加民众对评估机构的信任度，提高评估机构的专业性。政府也可以完善评估机构的准入条例，对符合评估要求的机构颁发从业许可，减少不正规机构乱评估的现象，能够明确评估工作的范围、责任以及权限等，规范评估行为，平衡好各个评估主体的关系，让政府、高校、社会形成权力制约以及平衡，在功能上充分发挥互补的作用，保证评估结果的客观性以及公正性。

（2）中介（第三方）评估机构保持独立并提供专业服务

根据国家最新教育政策要简化政府的教育职权，根据社会的需求组织出一些专业性教育评估机构，这种评估机构能够应用于各种教育评估活动中。现阶段我国的教育中介多数是半官方性的，我国教育中介机构自身带有官方色彩，但事实上评估并不能够满足我们的需求，在社会上的地位不明确。评估的机构不能梳理好政府、学校与社会的关系，自身的主体存在混乱现象。现阶段，教育评估市场还不能满足社会发展的需要，第三方评估机构运行体制还不健全，评估机构的从业人员还缺乏专业理论知识的培训，社会上对于评估机构的认可度也不高，所以高校面对评估业务还会去请教政府教育部。这种情况下，在评估权力上政府占据着主导地位，由于政府虽将监督权力交给评估机构，但目前教育形式发展还跟不上国家政策，相关法律法规制定得还不完善，政府在一段时间内的行为是"委托或代理"而不是"行政授权"。所以，中介性评估机构在委托和代理中很难独立生存下去，不能以自己的名义或独立的法人地位扩大自身职权，而且不能以独立的名义对法律人格作为担保，进而对评估机构的地位和职能产生影响。

目前，想要建立好我国高校教育质量评估体系需要明白政府与中介评估

第六章　中华文化认同视野下高校大学生德育教育的发展动力

机构的关系，政府制定教育质量评估的总体规范，中介机构依据标准进行各专业的教育质量评估，将评估结果反馈给高校和政府机构，明确政府领导、中介执行，形成完整的教育评估过程。中介性评估机构是一种社会组织机构，与其他法人组织一样，都需要政府对其进行宏观调控和指导。政府在将评估权力交给第三方评估机构时，也赋予了它一定的行政权力，高校会根据评估结果整改自身教育活动，此时，中介评估机构是代替政府行使对高校教育的监督权力。在具体的评估过程中中介机构的评估行为也在政府的监控下，评估机构只需要完成政府部门交代的教育评估目标，向上传达高校教育质量评估结果，向下监督高校教育质量，成为高校和政府机构之间好的协调者。在国外关于教育质量评估机构的管理中，给予中介评估机构较大的自主权，它能够对政府工作进行协调，对政府进行制约。这与我国的中介性教育评估机构相反，我国的高校教育评估中介机构的成立需要依靠政府的领导，政府在中介性评估机构中处于主导地位，中介教育评估机构属于政府的下属部门，听从政府部门指挥领导。中介评估机构对待学校和政府的态度和职能并不相同，对于高校主要是进行教育质量的监督，而对于政府主要是服务于政府的需要，并不监督政府部门的行为。

中介性评估机构是一个独立的主体，虽然自身的资金和经济基础较差，但是机构内部的能力较强，技术性、专业性较强，在教育行业中得到专业人士的普遍认可同时又具有政府权威，中介性教育评估机构是除了高校和政府外的又一个权威性的机构，独立于政府部门和高校以外，评估过程不受各个部门干扰，这种中介性的教育评估机构针对高校办学的各个专业，每个专业采取不同的质量评估方案，运用专业化的手段和公正的评估态度对高校进行理论性和实践性等各方面检验，形成在整个教育质量评估行业的权威性，社会、高校和政府对于专业的中介教育评估机构非常信任。除了中介评估机构的检测手段专业，还有其评估过程全公开、全透明的评估方式吸引政府将教育质量评估任务交给它们，中介评估机构在评估过程中会将每一环节的评估标准与评估结果一同公布于信息交流平台，也欢迎社会各方面对其评估过程进行监督，这种公开化的评估也能促进中介机构本身完善评估方式、评估过程。而且，中介性教育评估机构要不断提高自身的专业水平、专业能力，全面提高从业人员的整体素质和能力。

（四）质量评估管理与高校德育工作的开展

1. 充分利用毕业生质量追踪

高校应该保证合格的毕业生质量，首要的就是保证合格的德育素质，为劳动力市场提供合格的人才，而高校更需要劳动力市场对高校毕业生质量进行有效检验和及时反馈，以便不断完善高校教育教学生产，从而为劳动力市场提供更多更好的人才，促进社会发展。而高校德育教育质量如何提升，全面质量管理理论带来了思考和启示。

如前所述，全面质量管理强调全面性和全程性，因而对毕业生质量追踪应是高校教育质量管理所不容忽视的重要组成部分。各高校需要充分利用毕业生质量追踪的反馈信息，形成毕业生质量追踪与教育质量的互动：首先，各高校需要树立高等教育全面质量管理的理念，增强质量追踪意识；其次，与校友及其所在单位建立长期的稳定的联系，定期进行调查，充分挖掘毕业生质量信息资源，建立信息库；最后，及时有效地将调查结果反馈给教务处、学生处等部门和从事德育教育工作的教师，为德育教育改革提供及时、确切的依据，进一步调整和完善课程设置、教学内容与形式等，从而提升教育质量，提高毕业生的德育素质。

2. 优化德育教育评价标准

质量的主观与客观、显性与隐性、动态与静态等特点决定了质量评价的复杂性，管理学中对质量的评价往往呈现出定性评价与定量评价相结合、横向评价与纵向评价相结合、总结性评价与指导性评价相结合、结果性评价与过程性评价相结合的特点，由于德育教育的独特属性，对其质量的评价注定更加困难和复杂。对德育教育质量的评价可从以下三个方面展开。第一，效果评价。效果即德育教育活动的结果对德育教育目标的达成状况，这是德育教育质量最直观的表现，也是德育教育质量评价的起点。第二，效率评价。效率是德育教育活动中投入和产出的关系状况，这是德育教育质量评价的关键。第三，效益评价。效益是德育教育活动对受教育者思想影响的程度，主要表现为时间上的持久性。在德育教育质量评价中需要注意以下问题：一是评价主体要体现多元性，即德育教育质量评价的主体不能局限于教育者、受教育者、高校、教育主管部门等德育教育"利益相关者"之中，要注重引入"第三方"的评价，如组织间的相互评价、民间专业评估机构的评价等；二是评价指标要体现多维性，德育教育是一项系统的灵魂工程，评价的指标具有多维性，如对于高校德育课的评价应构建"发展性学生评价体系、发展性教师评价体系、支持保障评价体系、满意度评价体系"多维系统；三是评价过程要体现动态性，这里的动态性具有两层含义：一方面是德育教育质量评价是教育者、受教育者、评价者之间多向互动性的评价，另一方面思想政治教育质量评价具有无限循环性的特点，评价的结束是另一个质量提升过程的开始。

四、中华文化认同视野下高校校园的图书馆管理

（一）图书馆管理

1.图书馆管理的含义

我们对图书馆管理重要性的理解是渐进的。通过翻译和引进国外管理理论和方法，制定和改进图书馆管理指南，这个过程引入了许多图书馆学术管理的定义。以下是图书馆界的一些流行语录。

"自动化图书馆管理是图书馆科学管理。"毋庸置疑的是，科学、系统的图书馆管理意味着图书馆现代化的进程走到了成熟的阶段。图书馆管理不是一个苍白、片面的概念，它是一个整体，包括对图书馆员工的管理。"自动化管理"是图书馆管理手段之一，区别在于它所使用的是现代技术。

"图书馆内各个工作环节之间的高度协调一致就是图书馆科学管理。"图书馆管理行之有效的前提是，图书馆内不同部门之间的协作科学合理且亲密无间。然而，值得注意的是，这种部门间的高度协调也并不意味着图书馆最终实现了预期的管理目标。因为管理不能把决策过程排除在外，如果决策一开始就是错误的，那这种协调只可能让管理的结果与预期背道而驰。

"低耗、高效、优质的管理就是图书馆科学管理"，现代企业管理中，相关部门为了衡量员工绩效，会用上"低消耗、高效率、高质量"这三个指

标。但对于图书馆管理来说，只用这三个指标去衡量管理结果及员工绩效是不够的。由于图书馆活动属于精神生产范畴，精神生产的社会效益往往是隐蔽的。

"符合图书馆工作规律的管理就是图书馆科学管理。"在这句话中，套用了哲学来概括图书馆管理的定义。所确定的含义是图书馆依法开展工作，在一定程度上可以提高图书馆的管理水平。

"图书馆组织管理的系统化就是图书馆科学管理。"这是将系统理论应用于图书馆管理的尝试。系统论是研究系统存在和发展机制的理论。在图书馆管理中实施该理论制度可以强化图书馆管理的理论和方法。但是这个定义太过于宽泛了。

以上许多陈述来自不同的角度，目的是质疑和理解图书馆管理问题。每种观点都在某种程度上是合适的，但它们都有一些局限性。我们应该对这些陈述进行全面分析，使图书馆管理更加全面和精确。

2.图书馆管理的特征

（1）整体性

图书馆具有一定的整体性特征。图书馆应满足以下条件。第一，需要现代化的管理理念。有效实施现代图书馆管理，不能满足于有限的管理经验。我们应该继续学习，勇于创新，为图书馆工作和图书馆新建设的可能性敞开大门。第二，要有科学的方法。需要根据工作目标和工作关系的解决方案进行配额管理。配额管理的实施至关重要，对于图书馆工作人员来说，实施配额管理可以提高工作效率，高效完成工作。此外，还应辅以行政管理、经济管理等多种管理方式，推动图书馆管理持续发展。第三，必须制订适用且严格的规则。第四，要有统一的业务标准。第五，要有合理的智力结构。图书馆管理员的学科结构应适当宽泛，不仅要有专业领域的人，也需要其他领域的人才。此外，人才需要在各个层面都要成正比。

以上五个方面构成了图书馆活动完整性的基础。在管理过程中要注意处理好整体与部分的关系。

（2）关联性

图书馆系统中的所有环节和层次都是相互联系和相互依存的。我们必须

第六章　中华文化认同视野下高校大学生德育教育的发展动力

注意事物的因果关系。组织文件和目录以及借阅和临时工作需要综合分析各个工作组的具体情况。加强图书馆各部门业务管理任务之间的联系与配合，建立连带责任追究制度。

（3）均衡性

图书馆系统是一个移动系统，图书馆与其外部环境之间的平衡要求所有图书馆活动都具有均衡性。图书馆的发展已经适应了许多社会阶层的需要。图书馆内的平衡要求每个子系统的目标与图书馆系统的总体目标相匹配，以平衡图书馆和外部环境，如编目和文献收集系统平衡、组织体系之间的平衡、参考文件和流转文件之间的平衡、工程机械与日益复杂的文件类型之间的平衡、人员与各种业务任务需求之间的平衡。总而言之，我们必须努力实现所有互联互通、相互协调、协调平衡的发展。

总之，完整性、相关性和综合平衡是现代图书馆管理的特点。图书馆管理应该从大局入手，从发展变化的角度分析管理过程中的问题，而不是用孤立静止的观点。为了解决管理过程中的问题，必须考虑各个环节，在图书馆系统内部、各级之间要相互沟通，不能打破相关联的环节来解决管理问题。

3.图书馆管理的原则

（1）系统原则

图书馆都是一个由多个子系统组成的元系统，同时处于更大的图书馆运营系统中。图书馆运营子系统和信息交换系统有系统功能与外界交换材料、能量和信息的层次结构、完整性和一般属性。

目的性：一个系统的存在具有一定的功能和目的。作为机构或社会服务，图书馆收集、编辑、维护和传输文件，组织和系统地交换文件中的知识或信息。让用户从文档、书目、知识三个层次上获取资源。它的基本功能是收集、组织和部署应用程序。目的是满足读者的知识和信息需求。尽管不同类型的图书馆有特定的目标，这些目标因策略、任务和用户目标而异。

整体性：图书馆系统原则的整体性体现在两个方面：一是管理本身需要站在整体的视角来统筹全局，要有整体与长远的规划；二是把管理对象的各种因素作为一个整体来看，对各个因素的管理需要符合整体性的发展。

层次性：图书馆管理系统是一个层次分明的整体，有领导层、执行层、监督层等，各层应该明确各自有相对应的权利与职责，每个人各尽其责，各行其是，才能达到有效的管理。

联系性：图书馆由于分工不同而形成了不同的工作部门，但是每个部门并不是绝对独立的，而是存在着重合与交叉，只有处理好各部门的关系，才能形成合力，共同发展。

均衡性：作为一个有机的整体，图书馆各个系统之间关系密切，相互制约、相互促进，只有不偏不倚，保持平衡，才能使图书馆系统均衡发展，实现目标。

（2）动力原则

图书馆每一个活动、每一次发展都必须有宣传的动机。图书馆发展的动力来自用户服务需求和内部员工的活力。

现代图书馆管理的根本动力是：（1）物质能源，这是满足图书馆员生理需求的最根本动力，包括工资水平、奖金、福利、生活条件等；（2）精神动力，包括职业意识形态、精神鼓励、发展机遇等；（3）信息的力量，信息并不是管理者决策的唯一依据，但这也是事物发展的驱动力。

（3）民主管理

图书馆管理工作的民主性体现在：并不是只有图书馆领导和馆员才能进行管理，用户的需要也应该被满足，用户代表也可以参与图书馆的管理工作。

在图书馆民主管理中有四项任务。

（1）提出适当的意见和建议，以改进图书馆工作。

（2）监督和推动图书馆计划的实施。

（3）对专家管理和部署提出建议。

（4）监督从业者的工作。

（二）高校图书馆的信息化管理

信息技术应用于图书馆管理和服务后，人类经历了"互联网革命"，网络环境和信息环境发生了翻天覆地的变化。同时，图书馆作为文献信息中心，服务于社会，主要服务于读者。它的基本功能是直接或间接满足读者的

第六章　中华文化认同视野下高校大学生德育教育的发展动力

需要。

1.图书馆主要的信息资源及其组织管理研究

（1）书目信息的数据库建设

无论提供者的数据资源如何，都必须看到并使用其价值。如何提高资源消耗，让读者更容易找到，是我们在组织和管理资源时首先需要考虑的事情之一。

书目数据的处理也是重要之处。实践经验告诉我们，建立书目信息数据库能极大地提高检索效率，帮助我们节省更多时间和精力。想要创建书目信息数据库，可以采取多种渠道和方式，具体可看以下分析：其一，自己创建；其二，投入一定经济成本，去购买标准书目数据套录；其三，将以上两种方式结合起来，利用购买的标准书目数据套录，去琢磨、创建出一套完整的数据库系统。

购买副本有标准参考书目。一些图书馆现在还"在线"提供书目数据集。这些形式中的每一种在某些应用中都有其自身的优点和缺点。使用复制方法的主要优点是数据中的数据相当标准化，并且可以更方便搜索。这一优点固然能够提高搭建效率，却也不可避免地影响了速度。在经过一系列的准备工作后，我们才能投入细致、具体的搭建工作中去，这无疑是一个漫长的过程，中途可能还会遇到很多困难，唯有逐一攻破，才能创建出一套效果斐然、符合预期的数据库系统。使用自主开发的方法的优点是速度控制的设计更加灵活，但缺点是在施工过程中缺乏严格的标准和方案。因此，输入数据的质量通常难以保证。

（2）对电子文献的组织管理

随着信息网络的不断发展，电子文档在文化发展中的地位越来越重要。

一是明确电子文档的计量标准。电子文档与传统文档的主要区别在于媒体：大多数传统文件都是纸质文件。虽然电子文档具有电、磁和光的形式，但在电子文档的组织和管理中需要解决的问题是计算标准。不管是数据源的提供者作为差异标准还是内容，资源都是差异标准，没有统一的做法。

二是分类编目。电子文档在存储介质上有所不同，但就内容而言，它就像传统文件一样，也必须根据某些特征进行分类和管理。我们在实践中需要特别注意的是文档的完整性，分别存储在多种介质上时，应当按照丛书编册的方式进行。如果存储介质上有多个不同且完整的文档，可以对其进行分编，方便查找。

三是存放管理。电子文档虽然比传统纸质文档更便于携带，但文档保存管理相当严格。

2.图书馆信息资源建设研究

现代信息资源建设可分为宏观和微观两个不同层次，下面分别进行讨论。

（1）宏观层次的信息资源建设

宏观层面的信息资源创造是一项战略性建设。通常，相关政府部门会使用必要的经济、法律和行政手段，并在宏观层面应用国家相关的指导方针、规则和法规来组织和协调信息的生产、开发和使用，确保信息在符合宏观管理目标、不损害国家信息主权和指导方针的前提下进行最有意义和最高效的开发。因此，数据安全是宏观层面的主要任务。

第一，研究和开发用于创建现代信息源的指南、手册、工作计划和策略。以便可以按照国家的单一方法组织现代信息资源的创建。信息资源可以与社会发展同步开发和利用，以满足人们经济社会发展的普遍需要。

第二，研究制定法律、法规、规章，创建现代信息资源，建立管理体系，保障现代信息资源建设。依法依规设计现代信息资源建设，使信息的生产和发展得到最充分、快速、高效的利用。

第三，在领域、层次和制度上广泛运用经济、法律和行政手段，明确自己的责任、权益；在平等互利的基础上开发和利用现代信息资源，共同创造和共享资源。

第四，建设国家信息网络基础设施，为现代信息资源的创建提供特殊的硬件环境。

（2）微观层次的信息资源建设

微观层次的现代信息建设一般指的是信息机构、大专院校、政府各部门、企业、农村等基层具体组织负责实施的单位。其主要任务是根据所面向对象的各类人员对信息的需求，合理组织和开发利用现代信息资源，向他们提供有价值的现代信息资源。因此,微观层次的基本任务如下。

第一,调查了解所面向对象人员对信息需求的情况,研究制定现代信息资源建设方案,最大限度地满足不同人员的信息需求。

第二,选择适用信息技术,建设内部信息系统和网络,确定信息加工处理、存贮、检索,使得内部信息得到支撑与保障。

第三,对现代信息资源建设的成效进行评价,为改善现代信息资源的建设和开发利用提供依据。

(三)图书馆管理与高校德育工作的开展

德育教育的功能体现主要是通过两种方式,即自主的方式和互助的方式。在图书馆范围内提供相应的环境,邀请专业的人员,开展德育教育工作,促进学生培养更加积极的乐观向上的人生心态。

1.开展多种的读者服务工作

从多个方面开展高校图书馆的读者服务工作,如在图书馆设立专门的心理咨询中心,请专业的老师为学生们排忧解难,解决更多的烦恼和排解忧愁。相对于其他的环境,图书馆的安逸整洁的环境更适合于让学生放松身心,敞开心扉地进行交流。德育教育的最终的目的是育人,正确的世界观、人生观和价值观能够激励和引导学生向着更加正确的方向迈进。正确的人生态度和理想信念能够帮助学生树立强大的内心世界,正确处理好个人和他人之间的关系,从而帮助学生在进入社会后能够应对各种人际交往中出现的问题。

2.利用信息化的服务平台开展心理咨询

对于不同性格特点的学生就应该采取不同的思想政治教育的方法,对于外向型的学生可以采取一对一的心理咨询和沟通,而相对于内向型的学生就应该利用多种的传播媒介来帮助学生排解忧愁。信息化的发展给高校德育教育工作带来了更多的方便和实惠。通过贴吧回复、微博留言、微信留言、发送邮件等方式让学生以可靠的私密性的方式进行匿名式的心理咨询,在图书馆的网站平台上进行与学生之间的沟通,了解学生的真实想法和内心世界。

第三节 中华文化认同视野下网络德育模式的构建

一、信息化与互联网教育

（一）信息化的概念

信息技术是现代科技的重要组成部分，其从20世纪80年代开始就给人类的生活方式带来了巨大的影响。我国还未进入完全的工业化时代，但已经迎来了信息化时代，这也是我国现代化发展的重要成果。信息技术进入人们的生活，使人际往来的时空限制被打破，全球各国、各民族、各地区甚至每个角落都因为信息技术的出现而联系得越来越便捷、紧密，也正因为信息技术的出现，全球人民共建"地球村"的美好愿景得以一步步实现。全球各国借助信息化手段而相互联系、友好往来，各种不同的价值理念、民族文化相互交流、融合。可见，信息技术产生与发展的意义不是简单地停留在传播工具的更替和现代传媒的快捷，它成为人类对网络社会加以构筑的重要基础，它改变了人们的价值观念，也使得人类的思维方式和生活方式都发生了重大的改变。

20世纪60年代是"信息化"概念最早出现的时间，当时由日本科技研究人员提出Johoka一词，该词被解释为信息化。最初提出信息化时，人们将其理解为信息产业化，而社会信息化被视作信息产业化的目标。日本学者后来又对"信息化"的含义做了详细的解释，并指出构建社会信息化的宏伟目标。而当信息产业在社会中居于支配地位，产生巨大的社会影响力时，才算真正进入了信息社会。后来有关学者深入研究了信息化的相关概念，如信息革命、信息社会等，这些研究提高了人们对信息化的认识，并对进一步研究信息化概念具有重要启示意义。[1]上面对信息化概念的研究观点主要是从产

---

[1] 高霞.论信息化时代的青少年信息伦理教育[D].山东师范大学，2009.

业基础、社会意义、技术特征等视角出发而提出的，有的学者认为信息化就是将信息技术利用起来而促进信息经济增值与发展的过程；还有的学者认为信息化是一种新的社会格局、经济格局，它是相对于工业化而言的。总之，信息化使人们的生产生活方式、就业方式、消费方式等发生了翻天覆地的变化，它的意义不仅表现在技术领域、传播领域、经济领域，更在社会生活的各个方面全方位渗透，是社会变革的伟大成果，是人类文明发展的重要成就，我们要高度重视信息化的经济意义、社会意义以及文化意义。

（二）信息化时代的特征

1.信息传播数量多

全球化时代的到来使得知识、信息的传播不仅数量多而且速度快，而进入信息化时代后，数量变得更多，信息的爆炸与饱和已经成为人们必须面对的客观现实。在信息大量传播中，人们从多个视角理解信息，从而促进了人类价值观念、思维方式的多元化。

2.信息传播速度更快

信息化时代背景下，信息传播不仅海量，而且速度飞快，信息的飞速传播使得全世界的重要新闻在第一时间被各国人民知晓，人类进入了信息全球化时代。世界各国、各民族的信息在全球范围内加速传播，五花八门的信息在人类共建的"地球村"相互整合、交汇，被世界各地的人传播、分享、评价。人类是生产信息的主体，也是接收和消费信息的受众，现代传播媒介越来越多样化，越来越发达，同一信息可能同时传播到世界各地，被世界人民共享，具有鲜明的即时性特征，而且如此飞快的传播也保留了信息的原貌。人类传播信息、进行信息交流与互动的速度越来越快，大众传播媒体如电视、广播等的发明与流行使人们能够快速掌握世界各地的信息，计算机网络的出现为人们的远程交流与互动提供了良好的平台，人类的时空距离正在被消除。

3.人类生存空间的网络化

人类的时空距离因为信息技术的出现而不断缩小，互联网的出现使得地理上的距离限制被打破，人们可以随时随地进行远程交流。网络使得人类过上了更加自由的生活，已经成为人们生活中不可缺少的一部分。人类的生存生活空间因网络的出现而得到了拓展。

4.人类的交往方式多元化、交往空间扩大化

当前，世界经济格局、经济增长方式因信息技术的发展而彻底发生了改变。网络经济社会正是因为信息技术革命才形成的。人类的交往方式受到了信息化的重要影响。信息技术的革新使人与人之间进行着越来越便捷的交往，基于信息技术而形成的交往方式比传统交往方式更多元化、高效化。信息技术的发展也促进了很多社交软件的产生，如脸书、微博、微信等，这些交往软件有很大的自由性，而且具有即时性，人们时时刻刻都能在第一时间将自己的最新动态分享在平台上。

全球化、电子化、智能化、非群体化等是信息化的重要属性，正因如此，全球性、虚拟性、开放性和交互性等成为人们在信息化时代交往方式的典型特点，人际交往空间也因此而一步步扩大。

二、中华文化认同视野下网络德育的意义

崇尚道德是人类探讨的一个永恒话题，社会在不断进步，道德标准也在不断完善与发展。随着人类进入信息化社会，网络媒体不断出现，虚拟网络吸引了更多用户，因此也需要进行思想道德建设，只有这样才能引导广大网民树立正确的价值理念与思想理念，这样才能与各种不良思想作斗争。尤其要重视大学生进行网络道德教育，不断提升新时代大学生的网络道德素养，这样才能让新时代的大学生肩负起民族的重任。

（一）有利于促进新时代大学生在网络环境中健康成长

随着网络新媒体的出现，引发了各个领域的发展与改变，尤其是传统道德环境的巨变。学生通过网络能够获取更多信息，也能够在虚拟空间表达自

己的思想和看法，享有充分的自愈时间，因此需要对新时代大学生展开道德教育，让他们能够在虚拟空间中仍然能够不脱离道德的约束，时刻地规范自己。另外，各种西方文化思潮充斥在网络空间中，西方意识形态一直不忘对我国主流意识形态进行颠覆，会散布一些不利于我国主流意识形态发展的言论，对新时代大学生产生巨大冲击。因此，新时代大学生只有具备正确的思想与坚定的信念，才能应对这些冲击，才能找准自我，才不会迷失方向。另外，网络空间中还存在一些网络诈骗、网络暴力等，因此培养大学生的道德自律能力，提高大学生的道德修养，能够让大学生从容地应对网络中各种不良的行为与言语，从而营造一个良好的网络环境，促进大学生健康成长。

（二）有利于提高高校德育工作的实效

网络是信息化时代发展的产物，随着知识传承与传递，网络不断发挥巨大的作用。网络虚拟空间逐渐成为新时代大学生生活的一部分，网络空间环境会对大学生的成长造成影响，因此学校德育工作需要重视网络虚拟空间的塑造。网络具有信息量大、开放性等特点，导致信息来源良莠不齐，同时也存在一些错误认识与价值观，这些思想对新时代大学生造成冲击，甚至会让大学生迷失自我，也会影响学校德育的质量与地位。高校德育工作在网络环境下将会面临多重机遇与挑战，可以借助网络实现德育教育手段的更新，也能够丰富德育教育的内容，对于大学生来说，这样才能完善德育教育内容与方法，从而获取德育教育预期的效果。

三、中华文化认同视野下网络德育的实践策略

大学生出现的网络交往诚信意识缺失、网络主体责任意识不强、权责意识不清、网络自律意识薄弱等现象是由多方面原因造成的，大学生自身因素以及大学生所处的网络环境都对大学生网络道德具有重要影响，若要切实有效解决新时代大学生网络道德中出现的现实问题，进行大学生网络道德教育应该立足大学生自身、家庭、学校、社会等多个维度，充分结合网络道德各

影响因素及新时代大学生网络道德教育目标来提出对策，同时注重发挥大学生网络道德内生动力，促其在提升自我道德水平的同时成为良好网络环境的建设者与守护者。

（一）引导大学生进行自我教育

由于网络的隐蔽性、匿名性和虚拟性，活跃在网络社会的人可以在网络社会中无视道德伦理底线，随意发表观点。当前大学生的网络道德意识较强，普遍认可在互联网应该遵守相关规定，并愿意主动遵守网络相关法律法规，但部分大学生网络主体责任意识不强，诚信交往意识较差，同时，大学生网络主体权责意识不清、网上自律意识不强现象较为普遍。研究也发现女生的网络道德水平普遍高于男生，性别因素对于网络道德具有一定影响。同时，自身的政治面貌也对大学生网络道德意识具有影响作用，且政治面貌越高，大学生网络道德水平相应也越高。

从以上分析结论可以看出，进行大学生网络道德教育应充分发挥大学生自身主观能动性，结合大学生自身发展特点，注重发挥大学生自我教育的作用。因此，需从大学生自身入手，引导大学生进行自我教育，通过理论学习、榜样示范、自我教育三种途径来开展大学生的网络道德自我教育，纠正大学生网络不道德行为，助力其树立正确网络道德规范，进而提升网络道德修养。只有大学生自身明确了网络道德的重要性，树立了正确网络道德意识，激发出内生动力，才得以保证其他的教育对策能够顺利实施，取得预期成效。实现切实提升大学生网络道德，彻底改善网络环境的最终目标。

1.理论学习：提升自身的网络道德认知和辨识能力

网络道德认知是网络道德意识、网络道德情感、网络道德意志等网络道德思想的统称。在各自的生存空间内，每一个社会个体都会以不同的方式对自己的道德认识进行建构，从而确立自己的道德行为逻辑。而导致网络失范行为的内在原因为大学生的网络道德认知失调，有学者提出网络社会中大学生可以通过道德实践、道德评价、道德教育等途径来形成道德认知，而道德教育只是大学生形成网络道德认知的一种途径。既然明确了大学生出现不道

第六章 中华文化认同视野下高校大学生德育教育的发展动力

德网络行为是由于网络道德认知失调引发,那么要想培养大学生的网络道德认知,亟须唤醒大学生的自主意识。外部的力量不能强迫网络主体进行道德教育,只能通过其内在的善恶、是非道德观念的冲突,也就是大学生基于自己的隐性道德需求而进行的自觉道德行为。提高大学生的网络道德意识和识别能力,有助于他们养成良好的网络行为习惯、网络道德品质等基本素质,这是促进大学生知行合一、提高大学生网络道德人格的内在驱动力。互联网上的资讯纷繁复杂,外来文化和思想的影响与挑战日益严峻,信息的极速传播使得身心发展尚不健全的大学生在价值判断和抉择中往往处于被动的地位。因此,大学生必须以辩证的批判性思维对网络信息进行分析、辨别、接收,从而做出正确的判断,自觉抵制虚假、暴力、色情等不良信息带来的负面影响。首先,应该以党史学习教育为切入点,可以通过学生党员干部来对学院、班级的同学进行党史学习教育动员,通过学生党员讲述自己的学习体会及理解,带动周边大学生对于党史及社会主义发展史的学习热情,引导他们真正领悟中国共产党为什么能、马克思主义为什么行、中国特色社会主义为什么好,进一步思考为什么只有马克思主义行,只有中国共产党能,从而培育大学生树立制度自信、文化自信、理论自信、道路自信。其次,进一步引导大学生们对我国优秀传统文化、马克思主义、马克思主义中国化的最新理论成果,习近平新时代中国特色社会主义思想产生自信,自觉在网上网下同历史虚无主义等不良观念做斗争并加以抵制,进一步认同社会主义核心价值观,并理解其真谛。最后,通过不断理论学习武装头脑,将各种正确指导思想入脑入心,提高自身的道德自觉认识,内化于心,进而鞭策个人进行正确网络行为,合理规范利用网络媒体进行网络活动,达到提升自身网络道德认知和辨识能力,并最终提升网络道德水平的目的。

2.榜样示范:强化自身的网络道德情感和责任意识

树立榜样示范是一种群体的自我教育形式,网络道德榜样示范教育打破传统的"他律"式教育,突出强调同龄人间的"朋辈效应"。因此,在大学生网络道德教育的榜样甄选产生机制中,应注重发挥优秀学生及学生党员在大学生群体中的先锋模范带头作用,通过校园身边好青年、校园网络道德模范标兵、网络文明志愿者活动等校园网络道德模范的示范作用,带动整个校园网络道德风尚向好发展。

榜样的示范性功能与教育意义，首先在于他的形象是具体的、真实的、发生在每一位大学生身边的，因此这样的榜样具有鲜活的感染力与说服力。通过榜样教育来借此充分发挥朋辈群体的教育功能，引起大学生的情感共鸣，以此引导大学生"见贤思齐"，吸引其他非党员大学生不断向网络道德优秀的学生党员靠拢，从而产生"榜样能力，我亦能为"的心理认同和道德自信，认可榜样的行为并进一步吸收内化成为自己的网络道德准则，通过身边榜样"以一带多"模式的正向影响下，日积月累，大学生在潜移默化间养成了自己的道德行为习惯，加强了对网络规范的认同，从而提高了自己的道德情操和责任意识，而道德模范榜样在指导影响身边大学生过程中会因为责任意识从而更加注意自己的网络言行，实现与身边大学生共同进步的互利共赢的局面，形成互帮互助、共同发展的积极的校园网络道德生态。

3.自我教育：规范自身网络道德行为，自觉遵守网络道德

自我教育是实现德育目标的重要手段之一，古今中外皆高度重视发挥自我教育在个人成长成才中的重要作用。[①]德育教育学将自我教育定义为："以自己为教育对象，通过自觉、主动的自我锻炼、自我完善，达到提高自我修养目的的教育活动。"[②]在大学生网络道德自我教育过程中，主体和客体均是大学生本人。这就要求大学生由被动到主动、从依赖到独立吸收内化，再到实践外化，在教育过程中不断实现自我管理、服务和监督，最终实现自我提高。

网络空间的开放性、跨地域性、隐蔽性、去身份化等特征间接决定了网络主体不道德行为的监管难度较大。因此，良好的自律意识是大学生进行自我教育的关键，将儒家"慎独"思想融入大学生网络道德自我教育中，引导大学生将他律转化为自律，培养网络道德自律意识，逐步进行自我教育，进一步规范自身网络行为，提高网络道德水平。这种将我国传统文化中的思想精华结合新时代背景，对新时代大学生开展网络道德教育在形式和内容上都是一种创新。儒家"慎独"思想的核心内涵主要由慎省、慎微、慎辨、慎

[①] 银花.浅谈大学生自我教育能力的培养[J].内蒙古民族大学学报，2009，15（01）.
[②] 德育教育学原理编写组.德育教育学原理[M].北京：高等教育出版社，2016.

第六章　中华文化认同视野下高校大学生德育教育的发展动力

欲、慎言五部分组成，对此可以分别从慎省、慎微、慎辨、慎欲、慎言五部分提出大学生网络道德自我教育对策。

（1）以"慎省"思想提高网络道德规范意识

"慎省"即认真自省，检点自己的言行，"慎省"思想要求见到品德好的人要学习他的优点长处，成为与之相近的人；见到品德不端正的人则要自我反思，自己是否有和他一样不道德的地方并自觉反思检验自己思想言行中的不足之处。这一观点与现在社会所提倡的自我反省思想具有内在一致性，通过掌握"慎省"思想可以引导大学生群体关注自己是否严格遵守了网络道德规范，以及在做出了不道德的网络行为时能够及时反思，进而提高网络道德规范意识。

（2）以"慎微"思想提高网络行为底线意识

"慎微"思想指从行为的细微之处严格要求自己，防微杜渐，引导大学生不能因为做出某些网络不道德行为的危害较小就因此不给予足够重视，不及时自省，纵容自己，要以此不断提高网络行为底线意识，与一切不道德网络行为划清界限。

（3）以"慎辨"思想培养网络信息甄别能力

"慎辨"指人们在独处、无人注意的时候能够通过自己的思考去辨别事情真伪、善恶，面对泥沙俱下的网络环境，面对极速传播、不明来历的虚假信息遍布网络空间，大学生可以通过培养"慎辨"思想来提升网络空间信息甄别能力，避免间接成为谣言传播的帮凶，付出违法代价。

（4）以"慎欲"思想提升网络行为控制能力

"慎欲"思想即要求大学生正视欲望，对欲望加以节制，不要被欲望所左右。为此，通过"慎欲"思想进行自我教育，可以提升大学生在面对欲望时的掌控能力，自觉地克制欲望，进一步做出正确的网络行为选择，自觉地遵守和践行网络道德行为规范。

（5）以"慎言"思想提高网络言论评价水平

"慎言"思想指导我们即使在独处的时候也要注意自己的言论和说话方式，言行应小心谨慎。由于现代生活快节奏带来的生活压力加之网络交流的匿名性和隐蔽性，使得网络空间中不文明语言和不诚信交流的出现频率和现象极为广泛，且愈演愈烈，甚至发展成为带有人身攻击性质的网络暴力行为，这些行为极大地破坏了网络环境，放大了网络的负面效应。进行"慎言"教育有助于提醒大学生在网络交流时要谨慎发言，在进行评论时要客观公正，遵守网络语言的交流规范，自觉地做网络言论文明规范的践行者和传播者，提高网络言论评价水平。

可见，自我教育是一个持久性的工程，教育成效短时间内无法量化，因此可以通过以上做法助力大学生形成良好习惯，一旦好的习惯生成，那么大学生的自我教育就会由被动上升到主动，从依赖到独立，进而不断实现自我管理、自我监督、自我提高，最终树立牢固网络自律意识，养成良好网络行为习惯，实现肉眼可见的网络道德水平的提升。

（二）营造良好的家庭网络道德教育环境

家庭对于大学生网络道德水平的影响显著，家长重视家庭网络道德教育，则大学生网络道德水平较高，反之，家长不重视家庭网络道德教育，则大学生的网络道德水平偏低。由此可以进一步看出加强家庭网络道德教育对于提升大学生网络道德水平的重要性。家庭对大学生的道德具有启蒙作用，开展大学生网络道德教育，家庭环境至关重要。一方面家庭的良好家风能够涵养大学生网络道德；另一方面家长通过对大学生网络行为的监督管理和网络道德习惯的培养，能够帮助大学生规范网络行为习惯，培养大学生健康积极的网络道德行为意识。

1.转变家长教育理念，形成良好家风

良好家风有助于德育的开展，德育是人成长成才不可缺少的教育内容与手段。但遗憾的是目前家长重智育，轻德育的现象十分明显，他们一味地关注学生的知识学习和智力开发，似乎考入好大学即是孩子人生奋斗的终点和一切幸福的起点。部分家长的教育观念也存在偏颇，并没有对孩子的道德教育产生足够重视，更无从谈及对孩子进行网络道德教育。为此，家长应转变教育理念和自我观念，了解并重视网络道德，创新教育方法。加强家庭教育对大学生网络道德的正向影响，家长的言传身教不可或缺。家长应规范自身网络言行，以身作则，充分发挥榜样示范作用。家庭教育是大学生的第一课

堂，父母是孩子的第一任老师，是家庭教育的绝对主体，要给孩子们讲好"网络道德第一课"。为此，家长必须认识到自己的教育责任以及言传身教的重要性，在生活中自觉遵守道德规范，践行社会主义核心价值观，在现实环境中自觉做到不信谣不传谣、良好控制情绪、使用文明用语、远离色情、赌博等垃圾网站，形成良好家风，引导孩子树立正确的道德观念，对大学生进行潜移默化的网络道德教育。

2.加强家庭监督管理，养成良好网络行为习惯

网络虽然是个虚拟的空间，但并不是法外之地，也不应成为道德的真空地带。对于大学生这类特殊网络群体，虽然他们已经年满18周岁，成为法律意义上的成年人，但毕竟年龄小，社会阅历太少，他们的自制力不强，思想不够成熟，意志不够坚定，极易发生跟风现象。在不知不觉中，就会受到网络谣言的蛊惑、网络暴力的胁迫，进而做出网络失信、网络宣泄、网络谣言、网络冷漠等不道德网络行为，从而一步步走向道德的对立面。家长作为孩子的监护人与第一责任人，应提高责任意识，明确自己不仅仅是管理者，更应该起到行动的表率作用。首先，家长应充分注意自己在网络空间的言行、重视树立正确网络道德观念才有可能正确教育引导孩子。应重视孩子网络道德的培养，关注孩子在网上聊天、观看电影、玩游戏等网络活动中是否存在网络失信、网络宣泄等不道德网络行为，并合理控制孩子的网络开销，防范大学生在网络上参与不道德活动，提前预防，加强监管，从源头遏制大学生不道德网络行为的发生。

其次，家长尤其需密切关注大学生的上网时长，随着大学生每天上网时长的增加，其网络道德水平也会随之降低。因此，对大学生的上网时长进行合理约束，家长的监督管理至关重要，当孩子上网时长过长，出现网络沉迷和依赖倾向时，家长应及时进行提醒，并通过进行户外运动、家务劳动等方式来转移孩子注意力，防范网络成瘾。大学阶段是个人思维方式、价值观念形成的重要时期，孩子可能会对一些社会现象、人或事物存在不同观点和看法，此时即需要家长密切关注孩子的内心动向，当发现孩子出现不道德网络行为倾向时，应及时主动去和孩子进行沟通谈心，了解情况，并对孩子讲明以上网络行为的危害及可能带来的严重后果，引导孩子正视不道德网络行

为，提高孩子的网络不道德行为风险意识。同时，应注意在进行家庭网络道德教育过程中，也要注意积极听取孩子的意见，尊重孩子的看法，不可以一味地强制和灌输，以免激起孩子的逆反心理，引发孩子反感情绪，适得其反。应在和谐、轻松、平等的氛围下对孩子开展网络道德教育。同时，也要注重孩子在现实环境中的正确道德意识的养成和良好行为习惯的培养，不断提高孩子的网上网下道德认知，进一步促进孩子网络道德意识的形成，助力良好网络行为习惯的生成。

（三）发挥高校网络道德教育的主阵地作用

当前，高校肩负着人才培养的重要使命，同时也是进行网络道德教育的主阵地。大学生网络道德教育是培养大学生网络道德观念、规范其网络道德行为的一种教育实践。在这一实践进程中，高校教育者居于核心位置，也是落实立德树人根本使命的关键责任主体。高校及教师的教育观念与教育方式，直接关系到提高大学生网络道德教育的成效。为此，高校应重视网络道德教育，并积极采取行动，教育者应适应时代发展需求，与时俱进，切实以需求为导向，结合大学生心理特点、网络道德现状，以大学生易于理解接受的方式开设网络道德相关课程、创新教育形式及内容、营造校园良好风尚等方面开展大学生网络道德教育，建立健全大学生网络道德教育工作制度，提升网络道德教育实效性、针对性，不断引导大学生做到规范上网、健康上网、文明上网，树立起网络道德规范意识，实现立德树人的根本任务。

1.提升高校对网络道德教育的重视程度

当前高校"应试教育"观念依然严重，部分高校对于毕业生的要求是通过四六级，发表学术论文，以成绩排名作为评判学生个人能力；以课时数、课题和论文数量作为评价老师教学成果；以专利数量作为评价各高校科研水平和综合实力的评价标准依然是教育界普遍认同且高度执行的基本准则。这种"唯结果论"的教育心态影响了高校的培养方案，为达到理想的毕业率与就业率，高校更多地关注学生的专业素质，忽视素质教育的培养，这也就背离了教育立德树人的根本宗旨，也造成学历与素质的严重不对等。近几年发

第六章　中华文化认同视野下高校大学生德育教育的发展动力

生的严重网络失德事件无一不在提醒我们，高学历未必带来高道德，盲目追求学历的极致化，唯学历论，极易造成极端功利主义、个人主义盛行，引发道德崩塌，带来严重后果。为此，加强高校网络道德教育实效性首先需要提升高校对网络道德教育的重视程度。高校需将网络道德教育放在落实立德树人根本使命的任务部署之中，充分认识到网络道德教育的必要性与紧迫性，从校领导层面转变"重智轻德"教育观念，作出顶层设计。其次，在教学设计中，可以通过专业课针对性渗透网络道德教育相关内容，发挥课程思政功效，与德育课程形成育人合力。最后，应进一步明确高校网络道德教育者不单单局限于高校德育课教师，而是以德育理论课教师为主，与班主任、辅导员、党团支部书记、其他专业课教师、家长协调配合，形成联动机制，以上每一位教育主体都应重视自己立德树人、铸魂育人的使命任务，而不是什么都交给德育课教师负责。课程可以由德育课教师负责，但是，大学生的日常上网习惯，网络道德状况仅凭德育课一周两学时的90分钟是远远无法掌握的。受限于自身学历和专业知识，大多数家长希望也相信孩子在校园可以接收到全面系统的道德观念教育，试想如果以上教育主体均觉得这不是自己的分内之事，那么大学生的网络道德教育如何推进，究竟由谁来负责，网络道德如何提高？

因此，应该充分发挥班主任、辅导员、学院党支部、团支部书记的作用，通过与同学谈话沟通，同学反馈，主动掌握了解每一位学生的网络道德情况，进一步上报学院，由学院根据自身实际召开会议或是与学生单独进行谈话了解，制定进一步针对性对策。家长和班主任、辅导员之间也应该加强沟通，班主任、辅导员从家长处及时了解大学生在家期间网络行为状况，家长从班主任、辅导员处了解大学生在校期间的网络行为习惯。为此，网络道德教育者之间应转变观念，打破分工壁垒，主动去关心关注大学生的心理健康状态以及网络道德现状，在大学生思想观念、价值取向、精神面貌定型的关键时期，负起责任，充当好引路人的重要角色。

2.开设网络道德教育课程

进行网络道德教育最直接有效的形式便是开展网络道德教育相关课程。大学生网络道德水平在不同年级呈现不同的表现，随着大学生年级的上升，网络道德水平也会随之降低，因此在大学生低年级时开设网络道德教育课程符合大学生自身特点和成长规律，有助于提升网络道德教育实效性。现阶段开展网络道德课程迫在眉睫，但真正开设网络及网络道德相关课程的院校却寥寥无几，针对此现状，确定网络道德相关课程的教学目标及教学内容尤为关键。

（1）教学目标方面

结合大学生自身发展特点，可以从以下三个方面制定网络道德课程的教学目标。

首先，引导大学生坚定理想信念。理想信念是每一位公民的立身之本与奋斗之源，也是克服艰难险阻，抵御各种风险诱惑的精神根基。大学生正处于"三观"确立成型的关键期，只有树立了坚定正确的理想信念，才会自觉抵制网络空间的负面舆论和消极思想，才能永远保持朝气、锐气、正气，才能把实现崇高理想的伟大事业不断推向前进，成为祖国和人民信任的社会主义建设者和接班人。

其次，促进社会主义核心价值观入脑入心。必须巩固马克思主义在意识形态领域的指导地位，即将马克思主义作为终身的政治信仰，始终不可动摇。进一步引导大学生从公民层面自觉践行社会主义核心价值观，做到时刻以振兴中华为己任，自觉促进民族团结，维护祖国统一；信守承诺、诚恳待人、友好和睦；做到网络空间与陌生人相互尊重、互相关心、诚信待人，自觉为改善网络环境做出自己的努力。

最后，通过网络道德教育培育大学生网络道德法治意识。据调查结果显示，大多数大学生对于网络空间应该遵守何种具体道德规范及法律并不清楚，开展网络道德法制教育课程可以引导大学生树立正确的网络道德法治意识，从而做到知法、守法、懂法，依法上网，对于维护网络秩序，防范大学生网络犯罪的发生大有裨益。

（2）教学内容方面

首先，应对大学生进行爱国主义教育。爱国，是中华民族血脉中最深厚的情感，爱国主义是一个永恒的主题，习近平总书记高度重视爱国主义在社会主义核心价值观中的地位，他强调："在社会主义核心价值观中，最深层、最根本、最永恒的是爱国主义。"因此，可以通过组织观看《厉害了，我的

第六章　中华文化认同视野下高校大学生德育教育的发展动力

国》《最美逆行者》《长津湖》等主旋律电影纪录片，以大学生更乐于接受且富有感染力的教育方式激发大学生情感共鸣，也可以将爱国主义与国家网络安全紧密结合，进一步激发大学生爱国主义情怀，提升爱国主义教育的实效性。之后的课程中也应将爱国主义教育贯穿网络道德教育工作始终，并不断创新爱国主义教育的表现形式。

在引导学生接受爱国主义教育后，可以相继开展中华优秀传统文化教育、党史学习教育、诚信教育，引导大学生明确我们今天所要求的网络道德从何来，让他们深刻理解，网络道德不是凭空出现的，而是有其丰富理论渊源与现实意义。通过党史学习教育，提升大学生对于中国共产党为什么能、马克思主义为什么行、中国特色社会主义为什么好的领会能力，引导大学生达到爱国、爱党、爱民族和爱社会主义的高度统一。通过诚信教育，督促大学生反思自己是否存在网络失信行为，树立良好网络交往观念，进一步规范自己的网络言行，提高网络道德意识。

在开展了主题教育后，应该对大学生展开网络法律法规普及教育，调查结果发现，很多大学生均表示愿意主动遵守网络道德规范，但对于应该具体遵守何种法律规范并不清楚。因此，普及网络领域相关法律规定就尤为重要，网络言行不能突破法律和公序良俗的底线，要在法律法规的框架下合理运行。唯有认真学习法律法规，加强法律法规在互联网中的制定和运用，深化大学生在网络空间中的法律意识，引导大学生进一步明确网络不是法外之地，而是违法必究之地。同时，在大学生了解了相关法律法规后，也会更加清楚自己网络不正当言行的犯错成本，从而警醒大学生自觉遵守法律法规，自觉远离"网络喷子"、网络暴力、网络谣言等恶劣网络不道德甚至网络违法行为，树立网络道德规范意识，达到规范自身网络言行提升网络道德的根本目的。

3.营造良好校园网络道德风尚

校园网络道德氛围对大学生网络道德的影响是巨大的。高校应开展丰富多彩的网络道德宣传活动，营造健康向上的校园网络道德氛围。校团委组织可以开展校园身边好人、校园网络文明志愿者、校园网络道德标兵评选等活动，引导大家了解榜样，进而向榜样学习，充分发挥榜样教育意义，并充分利用校园网站平台、公众号等官方平台进行推送宣传，扩大影响力；可以引导学生通过个人的抖音账号、哔哩哔哩账号、微博账号在同学间、兄弟院校间进行活动宣传，可以进一步增强宣传效果，弘扬优秀网络道德；可以进一步通过开展网络道德知识竞赛及辩论赛等形式，普及网络道德及相关法律规范，引导大学生树立网络道德法治意识；也可以通过成立网络中心社团，举办丰富多彩的社团活动，设立校园网络文化周等，以年轻人乐于接受的形式，潜移默化开展网络道德教育，传播正向网络道德观念，营造良好风尚。通过开展校园文化活动，提升网络道德观念在大学生间的传播范围、速度，推动网络道德观念入脑入心，在校园逐步形成人人崇德、人人守德、人人向德的良好局面，在营造良好校园网络道德氛围的过程中引导学生进行自我教育，提升校园网络道德教育的成效，加快形成网络道德良好局面。

第四节　中华文化认同视野下高校德育评估机制的创新

德育评估是高等学校德育管理的重要环节，也是德育管理的主要方法。高等学校德育评估包括两个方面：一是上级教育行政部门对学校德育工作的评估；二是学校自身对其德育工作的评估，搞好这两个评估对于加强和改善高等学校德育工作具有重大意义。目前，对高等学校德育评估的范围、评估标准、评估方法等问题还没有取得一致的认识，围绕德育评估的探索还在进行之中。德育评估是围绕高等学校德育目标来进行的，其着眼点是有利于学生德智体等方面的全面发展，实现高等学校的培养目标，把大学生培养成为适应21世纪需要的，有扎实的基础知识、知识面广、能力强、素质高的社会主义事业的建设者和接班人。

第六章　中华文化认同视野下高校大学生德育教育的发展动力

一、高等学校德育评估的目的和作用

德育评估是实现高等学校德育目标的必要保证，其目的是通过评估全面了解和衡量学校德育工作及其发展的水平，使学校德育工作能够从大学生实际出发，避免盲目性，从而提高德育管理的效果。通过评估，促使学生明确努力方向，把全体学生的思想、行为引导到学校的培养目标上来，朝着预期的方向发展。促使学校的德育目标和学生个人目标有机结合起来，为加强和改进学校德育工作提供了比较科学的依据，为学生德育进步，品德的完善提供比较科学的目标，提高高等学校德育管理的效能。德育评估对于加强和改进学校德育工作，促进学生的德智体等方面的发展都具有重要作用。

第一，德育评估具有规范、激励和导向作用。德育评估的指标体系具体明确地规范了学校的德育工作，使全校师生员工都明确了自己努力的方向，了解自己的工作与德育评估目标的差距，促使大家不断地调整自己的思想和行为，努力达到目标规定的要求。由于德育评估结果与学校每一个成员的切身利益有密切联系，因此德育评估对每一个人的思想和行为都具有规范、激励和导向的作用。德育评估的结果，使每个人都能了解到自己的素质状况，在群体中的位置，使人不断进取，努力达到评估指标所规定的要求，从整体上提高学校每个成员的思想道德素质，促进学校德育工作的全面发展。

第二，德育评估保证了学校办学的正确方向。高等学校坚持以马克思列宁主义、毛泽东思想、邓小平理论和"三个代表"重要思想为指导，坚持党的改革开放的基本路线和社会主义初级阶段的基本路线，坚持党的教育方针，这些都规定了学校教育的社会主义方向。

二、中华文化认同视野下的大学生德育考评

（一）大学生德育考评的标准和原则

1.坚持实事求是、客观公正的原则

坚持实事求是、客观公正是马克思主义思想方法和党性原则的集中体现。坚持这一原则，就要求我们在进行德育考评时，要以高度负责的态度，实事求是、客观公正地对待考评工作，切忌主观性、片面性，坚持一切从实际出发，不浮夸、不贬损，力求客观、公正地对待考评对象，考评结论应该经得起事实和时间的检验。

2.坚持动态考评与静态考评相结合的原则

评价学生的德育表现和品德素质，要有动态的、发展变化的观点，不能以一时一地的表现涵盖其整个品德素质。从学生的客观现实表现来看，其品德发展具有静态的一面，又有动态的一面。把握其现实的表现，掌握其在现阶段的思想品德状况，才能与其他同学进行比较，分析其是先进还是落后，是进步还是退步。然而，由于现实的表现与过去的表现是有因果联系的，看不到发展变化的一面，就不能正确评定学生的品德，就容易导致片面性和简单化。

3.坚持定性考评与定量考评相结合的原则

学生的德育考评既有定性分析，又有定量分析，在进行德育考评时，对每一项考评指标都有一个定性的评定，测定其属于哪一个等级。也就是说，首先有一个质的规定性，然后再把各项考评指标划分为若干个档次，区别考评对象的差异，进行量的比较和判断。没有一定量的考评，对考评对象的认识必然是含糊的、笼统的。同样，如果在德育考评中，不能运用定性分析的方法，对学生的德育考评也是不正确、不完整的。随着现代管理科学在德育领域的应用，量化测定评价广泛用于德育考评之中。通过量化考评，可以使我们更清楚、更准确地把握考评对象的变化，使德育考评逐步走上科学化的轨道。但是，我们也不能因此而否定定性分析，把定量分析方法绝对化。如

第六章 中华文化认同视野下高校大学生德育教育的发展动力

果将量化分析绝对化，很容易使教育对象只重视个人分数等次，为考评而考评，使德育考评走向歧途。在德育考评中，对于可以量化的指标应尽可能的量化，对于不能直接量化的，采用定性与比较分析的方法，而不能简单地量化处理，否则就会使考评失去科学性。因此，从定性考评到定量考评，再从定量考评回到定性考评，才能使德育考评真正建立在科学的基础上。

4.教师考评与学生考评相结合

教师是德育考评的主体，是大学生德育考评工作的组织者和领导者，教师有权对学生的品德素质提出意见。但是，学生之间相互最了解，对同学的思想品德表现最有发言权，应该尊重学生评价的意见，使之与教师的评价意见相互对照，只有这样才能全面、准确地评价学生的思想品德表现。

在德育考评过程中，要充分调动学生自我评价的积极性。重视自我评价在德育考评中的地位和作用，是树立正确的评价观，发挥德育考评的激励功能，提高德育考评教育效果的重要标志，也是现代教育评价的主要特征。

组织有效的自我评价，对提高评价者的自我认识和自我评价能力，促进其健康发展也有很大影响和作用，具体表现在三个方面。

一是有利于学生完善自我价值系统，养成良好的道德自律习惯。学生在进行自我评价时，就会主动地去学习、了解思想品德评价的标准，加深对品德要求的理解，坚定自己的信念，使自己的言行自觉地和道德要求相一致。

二是有利于自我激励。自我评价可以通过自我教育机制的作用，产生持续的自我激励作用，由此促进其不断地进步和提高。

三是有利于形成自我调节机制。在自我评价的过程中，对自己行为的反思与评定，容易形成自我反馈机制，不断地调节自身行为和心理状态，对不道德行为自觉地加以抑制，而对道德行为则产生强烈的内在驱动力。

在德育考评中，要调动学生参与的积极性，引导学生自我评价、自我教育，促进学生的品德向健康方向发展。

（二）大学生德育考评的方法

学生德育考评的方法多种多样，然而就考评方法的分类来说，一般有两类：一类是主观性的德育考评法；另一类是客观性德育考评法。

主观性德育考评的方法主要包括两种。

一是总体印象测评法。这种方法是考评者根据自己的经验和有关考评指标，在对德育考评对象的情况已经形成总体印象的前提下，根据印象进行德育考评的一种方法。其步骤主要是先明确考评的任务和要求，再根据考评对象的情况及已形成的印象进行回忆综合，最后做出评定结论。这种方法简单易行，但是主观随意性很大，可靠性差。

二是评语鉴定测评法。这种方法是在进行德育考评时比较常见的一种方法，它是考评者根据自己对考评对象的长期观察和了解，参照有关人员的意见，用写评语的形式对考评对象进行书面鉴定。此外，主观性考评方法还包括等级划分法、自我总结法等等。这些方法能够反映出考评对象某些方面的实际情况。但是总体而言，难以全面准确地反映考评对象的实际情况，难以做到客观公正，考评结果的说服力不强，容易流于形式。

客观性德育考评法以其客观公正的特点，逐步得到广泛地采用，逐渐取代了千人一面的主观性德育考评法。客观性德育考评法也有许多不同的形式，但比较具有代表性的主要有两种方法。

第一，加减考评法。这是一种较为通用的德育考评法，在这种方法中，学校德育管理部门根据《中国普通高等学校德育大纲》《高等学校学生行为准则》以及学校的规章制度和要求，列出评分项目，制定加减分标准，对于应提倡的良好行为确定具体的加分数值，对不良行为确定减分数值。例如，设定每个学生的基础分为25分，每学年考评一次，根据每个学生的具体行为表现，对照评分标准，分别评出加分和减分的数值，在基础分的基础上进行加减，得出最后成绩。这种方法客观具体，结果具有可比性，能够比较公正客观地反映学生在品德方面的实际表现，操作简单易行。

第二，加权综合考评法。这种方法是进行德育考评时，除考虑到各项指标的具体分值外，还对相应考评指标在整个指标体系中所占的重要程度的不同确定相应的权重。根据被考评者的具体表现，采取自评和他评相结合的方式进行考评，先确定单项分值和等级，对各个评价分项指标按其重要程度分配权数，各项得分乘以权重系数，然后相加得出综合值。

参考文献

书籍类：

[1]白翠红.高校德育思维方式发展研究[M].广州：中山大学出版社，2018.

[2]陈娟.传统文化与高校德育教育工作融合研究[M].北京/西安：世界图书出版公司，2018.

[3]陈守聪，王珍喜.中国传统文化的价值与现代德育构建[M].北京：光明日报出版社，2013.

[4]陈中建.高校德育系统工程研究[M].南京：南京师范大学出版社，2015.

[5]崔戴飞，徐浪静.高校德育成果文库思政活动课程建设案例集·有爱篇[M].北京：光明日报出版社，2020.

[6]冯世勇.高校德育工作的理论研究和实践探索[M].太原：山西人民出版社，2014.

[7]桂捷.高校德育与心理健康教育研究[M].沈阳：东北大学出版社，2018.

[8]胡琦，陈海燕.高校德育社会化综论[M].杭州：浙江大学出版社，2016.

[9]金琪.中和育人浸润中华优秀传统文化的德育探索[M].上海：上海教育出版社，2017.

[10]孔亮.高校德育教育引入传统文化的创新研究[M].北京/西安：世界图书出版公司，2018.

[11]李宝银.高校德育成果文库文明之路福建师范大学文明校园创建纪实[M].北京：光明日报出版社，2019.

[12]李程.传统文化精神与大学生思政教育[M].北京：光明日报出版社，2013.

[13]李刁.互联网+时代高校德育实践创新研究[M].武汉：华中师范大学出版社，2019.

[14]李卫东.地方院校德育研究（第十一辑）：用习近平新时代中国特色社会主义思想引领高校德育[M].武汉：武汉大学出版社，2019.

[15]刘丽波.新时期高校德育教育创新发展研究[M].石家庄：河北人民出版社，2018.

[16]刘忠孝，陈桂芝，刘金莹.高校德育论[M].哈尔滨：黑龙江人民出版社，2019.

[17]任少波等.高校德育共同体[M].杭州：浙江大学出版社，2018.

[18]宋元林.中国传统文化与思想政治教育研究[M].长沙：湖南大学出版社，2012.

[19]孙晓峰.中西方高校德育管理比较研究[M].合肥：安徽科学技术出版社，2015.

[20]谭仁杰.地方院校德育研究（第九辑）：社会实践与高校德育[M].武汉：武汉大学出版社，2017.

[21]谭仁杰.中国梦与高校德育[M].武汉：武汉大学出版社，2016.

[22]王爱华，杨斌.高校德育与校园和谐[M].武汉：武汉大学出版社，2011.

[23]王一鸣.新形势下应用型高校德育和创新创业[M].北京：光明日报出版社，2018.

[24]杨福荣，邰蕾芳.中国传统文化与大学生德育教育研究[M].西安：西安交通大学出版社，2017.

[25]祝建兵，郭诗华.德育论丛[M].昆明：云南科技出版社，2017.

论文类：

[1]蔡东伶.中华优秀传统文化中立德树人思想研究[D].河南工业大学，2021.

[2]陈丽旭.中华优秀传统文化融入中小学德育全过程的路径研究[D].西南科技大学，2020.

[3]陈美含.中华优秀传统文化融入大学生思想政治教育研究[D].长春工业大学，2021.

[4]程喆.中华优秀传统文化融入青年马克思主义者培养路径研究[D].长春

参考文献

中医药大学，2022.

[5]范曦文.中华优秀传统文化融入高中《文化生活》的课堂教学研究[D].新疆师范大学，2022.

[6]冯奕佳.思政课提升大学生中华优秀传统文化自信研究[D].西华师范大学，2022.

[7]郜静宇.中华优秀传统仁文化融入初中《道德与法治》课教学研究[D].青海师范大学，2022.

[8]郭自强.儒家仁学思想与社会主义核心价值观融合研究[D].中原工学院，2022.

[9]韩爽.高中思想政治课有效实施中华优秀传统文化教育研究[D].哈尔滨师范大学，2022.

[10]黄垚.中华优秀传统文化融入初中德育存在问题及对策研究[D].河北师范大学，2021.

[11]姜新宇.习近平关于传统文化的重要论述及其德育价值研究[D].广西大学，2019.

[12]李晨阳.统编版初中语文教材中的中华优秀传统文化要素研究[D].浙江海洋大学，2022.

[13]李晓丹.中华优秀传统文化融入小学道德教育的实践路径研究[D].沈阳大学，2022.

[14]梁志玲.新时代大学生中华优秀传统文化自信培育研究[D].广西师范大学，2022.

[15]刘浠.中华优秀传统文化融入大学生思想政治教育的价值及实现路径研究[D].重庆理工大学，2021.

[16]刘佳欣.中华优秀传统文化在大学生思想政治教育中的运用研究[D].西南科技大学，2019.

[17]刘奚泽.中华优秀传统文化类校本课程资源开发研究[D].东北师范大学，2022.

[18]刘雨.中华优秀传统文化融入高中思想政治课教学研究[D].山东师范大学，2022.

[19]龙槿彦.中学生物学教学中渗透中华优秀传统文化的研究[D].安庆师

范大学，2022.

[20]卢成观.习近平关于网络文化建设重要论述研究[D].贵州师范大学，2022.

[21]路倩.中华优秀传统文化涵养青少年道德人格研究[D].阜阳师范大学，2022.

[22]骆津晶.中华优秀传统文化融入新时代高校德育教育研究[D].北京外国语大学，2021.

[23]马靖.高中英语中华优秀传统文化选修课程开发与应用[D].延安大学，2022.

[24]梅莎莎.孔子仁学思想在大学生思想政治教育中的应用研究[D].云南师范大学，2022.

[25]师慧慧.统编高中文言文教学与中华优秀传统文化深度融合的研究[D].吉林外国语大学，2022.

[26]石琼.中华优秀传统文化融入初中道德与法治课的策略研究[D].喀什大学，2022.

[27]田倩倩.新时代大学生中华优秀传统文化认同研究[D].石家庄铁道大学，2022.

[28]田文靖.中华优秀传统文化融入中职思想政治教育的研究[D].广西师范大学，2021.

[29]王步云."文化润疆"背景下中华优秀传统文化融入阿克苏地区初中语文教学研究[D].塔里木大学，2022.

[30]王静.中华优秀传统文化融入大学生思想政治教育的SWOT分析[D].山西师范大学，2021.

[31]王晓晶.中华优秀传统文化浸润思想政治教育的研究[D].南京师范大学，2021.

[32]韦喜芬.儒家"仁爱"思想融入中学生社会公德培育研究[D].广西民族大学，2022.

[33]文广.中华传统美德融入大学生思想政治教育研究[D].西华师范大学，2022.

[34]向云鹭.中华优秀传统文化大学生思想政治教育功能发挥研究[D].华

中师范大学，2020.

[35]熊苏婷.先秦儒家优秀德育思想融入大学生道德教育研究[D].东华理工大学，2022.

[36]晏振宇.中华优秀传统文化融入大学生思想政治教育研究[D].山东大学，2021.

[37]杨焱婷.中华传统蒙学教育的德育功能及其现代启示研究[D].喀什大学，2022.

[38]袁安妮.中华优秀传统文化融入高校德育研究[D].西安理工大学，2019.

[39]翟绎杰.中华优秀传统文化运用于高校立德树人的实践研究[D].海南大学，2022.

[40]张迪.中华优秀传统文化融入小学德育的现状及路径研究[D].西安理工大学，2019.

[41]张韩.知行合一视域下大学生中华优秀传统文化教育路径研究[D].长春师范大学，2022.

[42]张静.老子生死观及其对大学生生命教育的启示研究[D].华中农业大学，2022.

[43]张杨.中国优秀传统文化中的家国情怀研究[D].吉林农业大学，2022.

[44]张潆文.思想政治教育视野下中华优秀传统文化现代化研究[D].东北师范大学，2020.

[45]张雨旸.习近平文化观视阈下我国乡村文化振兴研究[D].安庆师范大学，2022.

[46]赵信彦.习近平新时代中国特色社会主义思想传承创新中华优秀传统文化研究[D].山东大学，2022.

[47]赵娅倩.中华优秀传统文化融入高校立德树人的路径研究[D].山西财经大学，2021.

[48]赵莹.高中思想政治课中完善中华优秀传统文化教育研究[D].牡丹江师范学院，2022.

[49]甄晓峰.中华优秀传统文化在高中政治教学中的运用研究[D].广州大学，2022.

[50]周旭.习近平关于中华优秀传统文化"双创"的重要论述研究[D].黑龙江大学，2022.

[51]程为民.当代大学生中华优秀传统文化认同研究[D].武汉大学，2017.

期刊类：

[1]李渭，李秋生.民族谚语的德育价值及逻辑体系[J].文学教育（上），2023（01）：164-168.

[2]王悦.思想政治教育的中华优秀传统文化认同机制[J].科教文汇，2022（11）：28-31.

[3]陈卓.中华优秀传统文化的德育路径实证调查与反思[J].大学，2022（03）：56-59.

[4]徐馨.中华文化认同视角下新疆高校少数民族大学生思想政治教育探究[J].中国多媒体与网络教学学报（中旬刊），2020（06）：233-234.

[5]马玉祥.少数民族高中学生思想政治教育与中华文化认同教育的研究[J].课程教育研究，2019（50）：73-74.

[6]朱红梅.中华优秀传统文化认同教育融入高校德育探绎[J].韶关学院学报，2019，40（11）：14-18.

[7]黎苏晓.社会主义核心价值观融入青年德育探究[J].北京印刷学院学报，2018，26（04）：149-152.

[8]周起帆，秦端茜，卢成观.大学生中华民族文化认同在思想政治教育中的作用[J].广西教育学院学报，2017（03）：112-115.

[9]王有鹏.核心素养视域下的青少年中华文化认同[J].思想政治课教学，2017（01）：11-15.

[10]张亚月.德育的历史性变革：从政治认同走向社会认同[J].中国青年研究，2016（08）：35-40.

[11]贾超.中华优秀传统文化与大学生思想政治教育融合路径[J].现代交际，2016（12）：154-155.

[12]张卫良，龚珊.思想政治教育的中华优秀传统文化认同机制探究[J].思想理论教育导刊，2016（05）：128-130.

[13]何俊.中华文化认同视野下的高职大学生德育教育路径探索[J].保险职

业学院学报，2015，29（06）：71-74.

[14]陈曦.论学校教育中传统文化教育与德育的融合[J].中国教育学刊，2022（S1）：163-165.

[15]冯红，高雅.高校运用中华优秀传统文化育人工作的路径探析[J].边疆经济与文化，2023（02）：117-119.

[16]高冬萍，李涤非.优秀传统文化传承与德育效果提升——评《中国传统文化》[J].语文建设，2022（22）：87.

[17]古丽美娜·阿地力江.中华优秀传统文化融入大学生道德教育研究[J].公关世界，2022（22）：94-96.

[18]李爱英.优秀传统文化融入学生德育教育的有效策略刍议[J].学周刊，2022（36）：103-105.

[19]吕远征.优秀传统文化融入高校德育工作路径探析[J].公关世界，2023（01）：76-77.

[20]朋玉环.君子文化融入德育教育的过程与路径[J].现代商贸工业，202243（22）：241-242.

[21]史之成.中国传统文化对学生思想品德教育的研究与探索[J].学周刊，2023（06）：82-84.

[22]苏艳芬.陈白沙.文化引领下的德育分层教育的实践与探索策略研究[J].考试周刊，2022（40）：24-27.

[23]王晶.高职院校学生党建工作中弘扬中华优秀传统文化创新路径研究[J].国家通用语言文字教学与研究，2022（09）：32-34.

[24]魏治业.如何将红色优秀传统文化融入学校德育教育[J].学周刊，2023（01）：97-99.